清华人文思想者

《清华人文思想者》编写组　编

清华大学出版社
北京

内 容 简 介

本书分为发展创新篇、思想掇英篇和大师风采篇三个篇章，呈现了近年来清华大学在人文社会科学方面取得的若干学术成就和重要思想成果。我们希望能以这些奋战在文科建设一线的清华学者的心得体会，传递人文思想，也愿这些思想的火花，能够穿透校园、影响社会、撒向世界，影响和启发每一位人文行者的心路历程。

版权所有，侵权必究。举报：010-62782989，beiqinquan@tup.tsinghua.edu.cn。

图书在版编目（CIP）数据

清华人文思想者 /《清华人文思想者》编写组编 . —北京：清华大学出版社，2022.12
ISBN 978-7-302-62193-5

Ⅰ. ①清… Ⅱ. ①清… Ⅲ. ①人文科学 – 文集 Ⅳ. ① C53

中国版本图书馆 CIP 数据核字（2022）第 215622 号

责任编辑：张　莹
封面设计：傅瑞学
责任校对：王凤芝
责任印制：宋　林

出版发行：清华大学出版社
网　　址：http://www.tup.com.cn, http://www.wqbook.com
地　　址：北京清华大学学研大厦 A 座　邮　编：100084
社 总 机：010-83470000　邮　购：010-62786544
投稿与读者服务：010-62776969, c-service@tup.tsinghua.edu.cn
质量反馈：010-62772015, zhiliang@tup.tsinghua.edu.cn
印 装 者：小森印刷霸州有限公司
经　　销：全国新华书店
开　　本：148mm×210mm　印　张：5　字　数：99 千字
版　　次：2022 年 12 月第 1 版　印　次：2022 年 12 月第 1 次印刷
定　　价：65.00 元

产品编号：098253-01

《清华人文思想者》编委会

编委会主任： 彭 刚

编委会副主任： 杨永恒　段江飞　刘　晗　崔笑声

编委会成员（排名不分先后）：

　　　　　史　中　毕诗尧　刘书田　刘　畅
　　刘金梅　武海燕　周子京

序 言

去年秋天,在清华大学文科工作会前,时任校长邱勇院士和部分文科教师进行了一次座谈。邱校长对大家的发言给予了非常高的评价,并提议将老师们的发言稿进行系统的梳理,集结成册,取名为《清华人文思想者》,主要是展现近年来清华人文社会科学领域学者们的思想成果。我们深受鼓舞,随即由学校文科建设处牵头着手筹备了本书的编撰工作。

笔者回溯办学历史,清华虽以理工科见长,但自建校起就有悠久而丰盈的文科传统,形成了"中西融会、古今贯通、文理渗透"的办学风格。人文学术殿堂群星璀璨,既有梁启超、王国维、陈寅恪、赵元任四大国学导师,又有闻一多、朱自清、冯友兰等享誉世界的人文大师。他们开风气之先,兼具中西学术之优长,不仅在人文社会科学领域作出了突出的贡献,而且为清华营造了浓厚的人文学术氛围。

水木清华,人文日新。20 世纪 80 年代,清华开始恢复文科,一方面继承辉煌的文科历史;另一方面发扬新一代文科学者的创新精神,推进新的文科建设,先后成立经济管理学院、法学院、美术学院、公共管理学院、新闻与传播学院、马克思主义学院、教育研究院、五道口金融学院、人文学院、社会科学学院等十多个教学科研机构,取得了引人瞩目的发展成就。近年来,清华充分发挥多学科汇聚和文理工医交叉的优势,以推动学科整体发展为目标,以高质量复合型人才培养和跨学科学术研究为内核,重点在学科建设、人才培养、课程思政与教材建设等方面进行了改革探索,取得了初步成效,国内外影响力不断提升。

整体上看,文科发展为学校文化建设、人才培养与通识教育作出了重要贡献,"人文清华"讲坛启动、文科资深教授制度建立、国家治理与全球治理研究院成立、古文字与中华文明传承发展工程启动、艺术博物馆落成开放、科学博物馆筹备试展,一大批有广泛影响的思想文化成果陆续诞生。从学校点点滴滴的变化中,我们可以自豪地发现,在文科发展润物无声的滋养下,清华形成了更人文的校园氛围。

在清华建校 110 周年校庆前夕,习近平总书记在清华大学考察时指出,"中国教育是能够培养出大师来的"。站在文科发展的重要时间节点,我们组织编辑了这样一本文集,收录了 20 余篇文科教师的发言稿和对 8 位文科领域资深学者的采访特稿。全书总字数不到 10 万字,篇幅虽然不长,却凝结了多位清华文科学者的心血与智慧。

本书分为"人文·发展创新篇""人文·思想掇英篇"和"人文·大师风采篇"三个章节。前两章囊括了清华文科资深

序　言

学者、学科带头人和青年骨干教师"老、中、青"三代文科教师的发言，既体现了他们对于清华文科育人理念、教师队伍、学科发展等问题的深刻思考，也展现出清华文科建设中"代有才人出"的传承与创新。第三章则是聚焦当代文科的"大先生"，即清华文科领域资深学者的故事。从一篇篇生动的人物访谈中，我们可以感受到他们潜心立德树人、钻研学术前沿、心系家国发展的宝贵品质，领略到学校历届领导班子在人文社会科学领域高瞻远瞩、勇开新局的初心使命。

2016年，习近平总书记在哲学社会科学工作座谈会上的讲话中提到，"要按照立足中国、借鉴国外，挖掘历史、把握当代，关怀人类、面向未来的思路，着力构建中国特色哲学社会科学，在指导思想、学科体系、学术体系、话语体系等方面充分体现中国特色、中国风格、中国气派"。在加快构建中国特色哲学社会科学的进程中，清华能否为国家和社会贡献一份重要力量？能否产生"清华学派"？清华人文学者们能否定义并回答一个个时代之问？本书中的诸位学者以及他们的思想成果，给出了一个初步的答案，也值得未来和学界同人、后辈学子们一道去探索、去追寻。

面向未来，学校制订了《"十四五"文科高质量发展行动计划》，我们将围绕新的目标定位，更创新、更国际、更人文，更坚定自信、更开放从容，努力建设最能够体现中国道路、中国理论、中国制度、中国精神、中国力量的清华文科。

本书呈现了近年来清华大学在人文社会科学方面取得

的若干学术成就和重要思想成果。我们希望能以这些奋战在文科建设一线的清华学者的心得体会，传递人文思想，也愿这些思想的火花，能够穿透校园、影响社会、撒向世界，去启发和引领每一位人文行者的心路历程。

《清华人文思想者》编写组

2022 年 6 月于清华园

目 录

第一章　人文·发展创新篇　　1

江小涓：努力构建讲述中国故事的学术体系　　2

刘江永：学然后知不足，学习永远在路上　　6

许宪春：文科学术研究要做到"三个对接"　　11

陈　劲：奋发努力，打造一流人文社科研究基地　　16

李稻葵：以学术思想为抓手，勇担新时代清华社会科学发展新使命　　21

蒋俏蕾：以媒为酶——国际传播与人文交流互鉴视角下的文科建设　　25

蒙　克：学术成长与学术生态　　32

孟天广：文理交叉驱动"计算社会科学"　　40

| 陈岸瑛： | 向美而行：清华美育的回顾与展望 | 48 |
| 李　蕉： | 学生、学术、学科与创新的关系 | 54 |

第二章　人文·思想掇英篇　59

黄德宽：	传统的力量：清华简的当代价值	60
江小涓：	数字经济，人文学科与全球治理	64
李稻葵：	从中国经济实践到中国经济思想	69
李　强：	社会学与我国现代化建设	75
鲁晓波：	艺术设计：为时代　为民生	83
汪　晖：	二十世纪中国的历史位置	87
周光权：	法治的民本思想	93
钱颖一：	大学学生培养中的七个现象和七个权衡	97
王宏剑：	在多元风格中保持一元追求	106
杨永恒：	公共管理学科博士生培养要"顶天立地"	110

第三章　人文·大师风采篇　117

李学勤：	"一些的一切，一切的一些"	118
王明旨：	清华美院二十载	121
彭　林：	清华学生太优秀，老师多努力都不过分	127

目　录

陈　来：优秀传统文化的传承者　129

崔建远：清华同行二十载，法学相伴四十年　132

万俊人：守望传统　追问正义　137

汪　晖：思想无边界　追问不停止　143

格　非：我是一个职业教师　146

第一章
人文·发展创新篇

江小涓[1]：努力构建讲述中国故事的学术体系

习近平总书记在2016年5月17日哲学社会科学工作座谈会上的重要讲话中指出，当代中国正经历着我国历史上最为广泛而深刻的社会变革，也正在进行着人类历史上最为宏大而独特的实践创新。在2020年8月24日经济社会领域专家座谈会上，总书记进一步指出，新时代改革开放和社会主义现代化建设的丰富实践是理论和政策研究的"富矿"，我国经济社会领域理论工作者大有可为。

我再次回到学术界，最深刻的感受之一是国内国外学术界相对关系的变化。2004年我离开中国社会科学院时，我们总体上还处于"学习""模仿""跟跑"之中。现在，中国40多年的成功实践已经吸引了全球学术界的关注，很多人希望了解、研究和借鉴中国的经验，据我有限的了解，全球范围内研究创新问题、城市发展问题、劳动力流动问题、教育发展问题、环境问题、全球价值链问题等，不考虑中国这个因素，就不会被认为是重要研究、前沿研究、趋势研究。研究中国问题，中国学者当然有优势，我们面临"并跑"为主，并在有些方向"领跑"的时代机遇。我离开学界时间较长，现状了解不够，思考也不够，概括不了文科学术研究的增

---

[1] 江小涓：现任全国人大常委会委员、中国行政管理学会会长，曾四次获得孙冶方经济科学奖、第五届中国经济理论创新奖。

第一章
人文·发展创新篇

长点这个大题目,这里仅就我多年的一个研究领域——对外开放,也是这次获奖论文的主题,谈几点个人的研究体会。概括为一句话,学术研究要贡献尽可能普适的知识体系。

图1-1　江小涓在会议现场

强调特色时尽量寻求规律,规律越稳定越好

从我研究的开放问题看,中国的开放在起点和步骤上、在发展过程中的各个截面上,的确显示出与多数国家开放模式的较大背离,但从长期趋势和本质特点看,仍然能看到与多国显示的普遍规律的高度契合。例如,我们进出口商品结构的变化轨迹与众多发展中国家表现相似,在不少学者甚至决策层看来,并不完全合意,提出了质疑并力图改变,但根据要素禀赋理论,这些变化必然出现,这些阶段不可跨越。

阐释现象时尽量寻求理论，理论越普适越好

学术研究不能止步于讲故事，而是要有分析框架，让我们的独特信息能被合理地还原成理论元素，置于知识体系中进行合理安置和组合，构成预判未来的能力。例如，通过观察可移动与不可移动要素比例这个影响贸易结构基础条件在中国的特点，30年前、20年前、10年前我们作出的预测一一呈现，现在我们依然在考虑5年后、10年后的变化。例如，预言加入更高标准贸易协定为中国发展带来的机遇和挑战。前瞻性是理论的一种重要力量。

总结经验时尽量寻求比较，比较越多元越好

所谓研究，比较是基本要素，能解释多种不同表象，理论具备一般性和适用性才较好。要寻求"事不同理同"的境界。例如，用"各种要素边际收益相同时资源配置效率最高"，能较好地解释各国选择不同开放模式的合理性和必然性。我们的开放模式极大促进了增长，但一个必要条件是存在极低收入的巨量农村可转移劳动力。而苏联和一些东欧国家，在20世纪80年代初期，国有经济中的就业已占绝大部分，没有为这种开放模式留下多少低成本、待转移的劳动力，很难实现大规模低成本的制造业产品出口。

努力创新时尽量寻求借鉴，借鉴越丰富越好

用学术语言讲好中国故事，必须要进行理论创新，同

时也要重视全球学术界多年努力积累的学术存量。例如，毫无疑问，保持政治稳定和政策连续的能力是我们最大的优势之一，对长期投资和发展非常重要。如果我们借鉴一些国际学术界更通用的语言讲述这个优势，就可以表述为投资是长期行为，产权能得到长期保护很重要，法律是一种保护，政治稳定和政策连续也是一种有效保护，都是鼓励长期投资行为的制度因素。能容纳愈多的现有学术概念，我们的理论创新就愈容易被更多的学者和学派所理解和接受。

讲这几点是想表明，我们当然要讲中国故事，讲好中国故事必须创新，这是我们的根本遵循和指引。但我们的学术雄心应该更大，学术胸怀应该更宽，学术视角应该更广。我们在讲好中国故事的同时，还要观察和解释世界，努力构建更具一般性、更普遍适用的学术体系，能够容纳和解释更多国家的经验和道路，成为全球主流学术体系中独特而重要的构成部分。

来源：第八届高等学校科学研究优秀成果奖（人文社会科学）暨北京市第十六届哲学社会科学优秀成果奖清华大学获奖教师座谈会

刘江永[1]：学然后知不足，学习永远在路上

2021年是清华大学建校110周年、建党百年，也是我光荣在党50年。今天能出席本次获奖老师座谈会，可以有机会向各位老师学习，非常荣幸！衷心感谢校领导和文科处长期以来的关心、指导！谨此向各位老师做个汇报，敬请指正。

时光飞逝，自2003年我进入清华大学任教，一晃18年过去了！无论是教学还是研究，总感觉自己还在学习的路上。18年来，我一直在清华讲授两门本科生课程："国家安全概论""日本研究"；还讲授两门研究生课程："国际战略分析""日本政治经济外交"。同时，潜心从事国家安全理论和日本方向的研究。2006年以来，我在清华大学完成的研究成果荣获北京市哲学社会科学优秀成果一等奖三次（其中一次是参与合作的成果）、二等奖一次；教育部高等学校科学研究优秀成果奖（人文社会科学）一等奖一次；一部专著入选国家哲学社会科学成果文库，一部专著入选教育部高校社科文库。这些成果的取得，与清华大学自由开放的

---

[1] 刘江永：清华大学国际关系学系教授、博士生导师。曾任中国现代国际关系研究所研究员、东亚研究室主任、中央外办参赞、清华大学国际关系研究院副院长等职。兼任中国中日关系、史学会副会长、中日友好协会理事、中国人民外交学会理事等。

第一章
人文·发展创新篇

学术环境、严谨科学的治学氛围，以及院系、文科处、图书馆、后勤等各方面的支持、协助与保障密不可分。因此，这些奖项不仅属于我个人，而且属于清华大学。谨以此感谢清华！感激清华！感恩清华！在此，我想和各位老师、朋友们分享三点心得与管见。

图 1-2　刘江永在会议现场

如何多出成果，出好成果？

首先，研究选题要贴近人民、国家和人类社会的实际需求并具有前瞻性，努力为国家安全、经济发展与社会进步服务。

其次，不急功近利，不讨巧，不被名缰利锁，有所不为才能有所为，踏踏实实，心无旁骛地钻研学问，持之以恒地追求真理。

再次,学术为民,笔耕不辍,毕生磨一剑。"左图右史,邺架巍巍,致知穷理,学古探微。"清华大学校歌中的这句歌词,是我们治学的一个座右铭。

最后,研究要以问题为导向,针对国家、社会急需解决的难点问题,解放思想,勇于尝试跨学科的探究,而研究成果的发表则要考虑在国内外产生的效果是否符合国家与人民的利益。

如何处理好科研与教学的关系?

科研与教学两者是相辅相成的。但有时在时间、精力的分配方面是有矛盾的。有些人比较善于从事教学,有些人则更擅长科研,也有的人两方面都很强或都有困难。

首先,要努力以教学带动研究,以研究促进教学。这是作为学校的研究与职能部门研究的根本不同之处。教学与科研是循环往复、不断升华的过程。

其次,任何把科研与教学完全对立起来的看法都是不可取的。科学的研究是要经过实践和历史检验的艰苦脑力劳动。对于大学从事科研和教学的教师而言,平时的研究实际上也是间接的备课。教学过程有时就是分享自己平时的研究成果、在学术前沿的收获或困惑。

再次,教学至少包括课堂授课与课下指导学生完成作业和毕业论文两部分。教师只有具有较强的研究及写作能力并有责任心,才能辅导好学生完成毕业论文。

尽管指导学生论文不会被纳入精品课的课堂教学评估,但据许多同学们反映,在这一阶段的学习收获最多,进步

的实际感受最深。一篇优秀的学生论文，有时要在老师指导下反复修改约 10 遍。这对教师自身的科研能力和治学态度也提出了很高的要求。迄今，我在清华大学开设的"国家安全概论"课虽然没有申请过精品课，但我在教学过程中努力研究，于 2004 年提出可持续安全的理论框架，努力使同学们养成"思维的脉搏伴随世界安危而跳动"的习惯。听过本课程的本科生期末或毕业论文先后有 10 篇在专业期刊上正式发表，其中留学生论文占 30%。

如何在研究中创新？

我认为，学术创新首先要善于听取不同意见，特别是具有挑战性、竞争性的不同意见，把它作为最好的问题提出来，然后满怀学术好奇心地去深入钻研，自我证伪，以求正解、新解。

其次，要善于综合、吸收前人和中外研究的成果，结合新情况、新形势、新要求，推陈出新。要实事求是地做真学问、研究真问题，勇于发现真理和带规律性的东西。学术创新要不唯书，不唯上，不唯古，不唯洋，只唯实，在掌握大量事实和真实数据的基础上，提出新概念、新方法、新观点，而不搞哗众取宠地抓眼球，博点击，比被引。

再次，创新要有为国家和人民立德、立言的志趣，尤其要善于做跨学科、跨领域的横向知识与概念的联想。原创性理论、观点不是凭空产生的，要努力触类旁通，博采众长。这就如同诗歌创作，触景生情，睹物思人，借景抒情，皆为联想。学术创新往往是枯燥、艰辛中带有几分浪漫和喜悦的过程。

近年来，国家安全学已被教育部列为一级学科，对于人类社会而言，可持续安全与可持续发展同等重要。伴随着中国的发展壮大，国内外面临的各种安全风险将持续增大，抓好发展与安全两件大事已经成为中国各级领导面临的重要任务。可持续安全是我们的原创性安全概念。可持续安全观已作为我国的治国方略写入了党的十九大报告，成为中国倡导的全球新安全观。清华大学人文社会科学建设，可以把可持续安全理论与实践的探讨作为国家安全学理论的学术增长点之一，加强跨学科的综合研究，不断丰富、完善、发展，使其对国家安全决策和全球安全治理产生积极的影响。

最后，一言以蔽之：学然后知不足，学习永远在路上。

谢谢！

来源： 第八届高等学校科学研究优秀成果奖（人文社会科学）暨北京市第十六届哲学社会科学优秀成果奖清华大学获奖教师座谈会

许宪春[1]：文科学术研究要做到"三个对接"

我过去长期从事政府统计理论研究和实际工作，根据自己的体会，我认为文科学术研究要做到三个对接：一是对接国家重大发展战略问题；二是对接经济社会发展中的重大现实问题；三是对接国际学术前沿问题。

图1-3　许宪春在会议现场

---

[1] 许宪春：国家统计局原副局长，兼任中国统计学会副会长。长期从事中国政府统计理论研究和实际工作。

对接国家重大发展战略问题

首先是要对接国家重大发展战略问题。例如,新时代我国社会主要矛盾问题、共同富裕问题、新发展格局问题、区域发展战略问题,都是党中央、国务院高度重视的问题,也是各地区、各部门、社会各界广泛关注的问题。对这些重大战略问题开展深入研究,取得突破性、创新性和可操作性的研究成果,能够满足党中央、国务院和各有关决策部门的需要,也会产生广泛的影响力。

对接经济社会发展中的重大现实问题

其次是对接经济社会发展中的重大现实问题。随着经济的迅速发展、社会的不断进步、科技的日新月异,经济社会发展中不断出现新的重大现实问题。我认为学者们应当深入社会,深入实践,了解、把握和帮助解决这些重大现实问题,推动经济社会发展。我到清华大学工作这四年来,带领我们的研究团队调研了12个省市近70家新经济企业,了解和梳理新经济企业的特征以及它们在经济社会发展中的作用、面临的问题和挑战,并提出相关的政策建议。由于我长期从事政府统计理论研究和实际工作,我特别关注新经济的发展给政府统计带来的机遇和挑战,下面我简单举几个统计方面的例子,来说明对接经济社会发展中的重大现实问题的重要性。

第一个例子是数据资产。数据已经成为许多新经济企

业的重要资产，甚至成为一部分新经济企业的主要资产，在企业的研发设计、生产经营、管理、销售、售后服务中发挥越来越重要的作用。企业在数据搜集、存储、加工处理、开发应用方面的支出非常可观。数据在政府治理中也发挥越来越重要的作用，例如，新冠疫情期间对密切接触者的甄别，对出行者是否到过中高风险地区的监管等，大数据都发挥了重要作用，政府有关部门在数据方面的支出也非常可观。但是，在政府统计中，如何处理数据资产，是作为生产资产处理还是作为非生产资产处理，关于数据的支出是作为固定资产投资来处理还是作为中间投入来处理，对数据资产如何进行分类，如何进行估价，在国内外都还处于探索中。但是，随着互联网、物联网、大数据、云计算等数字化技术的迅速发展，中国的数据资产呈现出爆发式增长，并呈现出多元化的应用价值。忽略这种资产，对于充分发挥数据资产的作用以及从统计角度解释经济增长都会带来困难，必须加大研究力度。

第二个例子是互联网网站提供的免费或者价格低廉的服务。数字化转型背景下企业盈利模式不断创新，许多互联网企业向居民提供大量的免费或者价格低廉的服务来吸引用户，通过广告和其他业务实现盈利。以腾讯的微信服务为例，它属于腾讯的底层业务，为消费者免费提供服务。同时，腾讯通过这种免费服务聚集用户流量，为它的金融、广告、游戏等业务带来源源不断的客户。腾讯通过这些业务获得巨大利润，进而通过渠道服务费和广告费等模式间接弥补微信等底层业务的运营成本。这种新型的盈利模式改变了传统企业直接利用产品销售收入弥补自身生产经营成本的盈利机制,使得免费或者价格低廉的服务的生产性隐藏在企业的盈利模式中,现有统计未能将其充分反映出来,从而出现低估。因此,需要探索互联网网站提供的免费或者价格低廉的服务的统计理论框架,探讨利用大数据免费估价或者价格低廉的服务的理论和方法。

第三个例子是网络直播打赏。目前国内各大直播平台的收入来源不尽相同,但是用户打赏收入是直播平台最关注的收入来源。打赏收入是作为赠予还是作为服务收入,对 GDP 的影响是完全不同的,需要进行研究。

对接国际学术前沿问题

再次是对接国际学术前沿问题。我还是以政府统计为例。传统的政府统计理论和方法主要产生于西方发达国家,特别是欧美国家,为什么呢?因为这些发达国家经济社会发展走在世界的前列,给这些国家的政府统计工作者和学者提供了总结、梳理和提炼政府统计理论和方法的机会,这些国家的政府统计工作者和学者也抓住了这种机会,所以政府统计理论和方法就产生于这些国家,这些国家也主导了国际统计标准的制订。发展中国家在国际统计标准的制订方面发挥的作用非常有限。目前,中国经济社会发展在某些领域,比如数字经济、数据资产等领域已经走在了世界的前列,这些领域的问题也成为国际学术前沿问题,这给中国政府统计工作者和学者提供了总结、梳理和提炼这

些领域统计理论和方法的机会。如果我们抓住了这种机会，这些领域统计理论和方法就有可能产生于中国，我国在相应国际统计标准的制订方面就会有更多的话语权。我们应当很好地把握这次机会，在国际学术前沿问题研究方面力争取得突破。

来源： 第八届高等学校科学研究优秀成果奖（人文社会科学）暨北京市第十六届哲学社会科学优秀成果奖清华大学获奖教师座谈会

陈 劲[1]：奋发努力，打造一流人文社科研究基地

2016年5月17日，习近平总书记在哲学社会科学工作座谈会上讲到，"要按照立足中国、借鉴国外，挖掘历史、把握当代，关怀人类、面向未来的思路，着力构建中国特色哲学社会科学，在指导思想、学科体系、学术体系、话语体系等方面充分体现中国特色、中国风格、中国气派"。按照总书记的讲话精神，清华大学技术创新研究中心高度重视理论创新。

图1-5 陈劲在会议现场

---

[1] 陈劲：清华大学经济管理学院教授、博士生导师，教育部人文社会科学重点研究基地——清华大学技术创新研究中心主任、教育部科技委管理学部委员、中国技术经济学会技术管理专业委员会理事长。

第一章
人文·发展创新篇

清华大学技术创新研究中心于2000年成立，2004年获批为教育部人文社科重点研究基地，是国内高校最早进行科技创新管理与政策研究的重要基地。近年来，中心按照总书记要求，大力加强理论创新，特别是认真学习、体会、阐述习近平科技创新思想，经过三年的艰苦努力，有效地阐释了习近平总书记的科技创新思想，纳入"新时代、新理论、新实践"系列教材，已由中共中央党校出版社出版，向全体党员发布。

在此基础上，我们进一步从学理上向全球阐释中国创新为什么行。今年出版了《大国创新》，这本书也引起了媒体的高度重视，新华网还作了专题推广。我们按总书记建设美丽乡村的目标，在国际学术界首次提出乡村创新系统概念，为新时代乡村振兴提供创新视角的理论支撑。

面向科技创新强国建设，我们需要进一步制订科技创新的战略，为此要作相关的比较研究和政策分析。2020年出版的《科技创新》一书作出了深入的探索，得到国内相关政策研究者和学者的好评，被评为中国出版集团2020年优秀主题出版项目。我们也积极探索中国特色的创新理论，对自主创新、开放创新、协同创新进行系统的研究。近年来，结合中国传统文化重大工程实践，提出整合式创新理论，以及有意义的创新等新兴创新方向，为创新理论原创性作出了一定贡献。中心理论成果获得了好评，相关著作先后获得了教育部高等学校科学研究优秀成果奖（人文社会科学）一等奖、二等奖。

我们非常重视中心的成果在重要的学术平台媒体上发

表,近年来在《人民日报》刊文八篇,同时也在《光明日报》《经济日报》刊文,是全国高校人文社科基地在"三报一刊"上刊发文章较多的单位之一。

高度重视理论创新,把论文写在祖国大地上。中心承接重大课题项目多项,纵向经费超过 800 万元,横向科研经费也超过 500 万元。近年来,我们承担两项社科重大项目、两项社科重点项目、多项国家自然科学基金应急项目;承担两项北京市社科重大项目:习近平科技创新思想研究、国家战略科技力量研究,这两个课题非常关键。我们积极参与部委研究,高效完成科技部委托的国家中长期科技发展规划专项课题——"'十四五'国家技术创新工程规划",为我国进一步加强科技自立自强作出很好的研究。总书记提出"培育发展"未来产业,中心积极跟进,克服很多困难,圆满完成了山西省未来产业"十四五"规划,这是我国第一份省级的未来产业规划,为我国区域发展,特别是中部崛起奠定了非常好的基础,为山西发展注入了新的活力。

针对中美国际关系发生变化的新时刻,"卡脖子"问题日益严重,中心师生和北京理工大学张军院士团队系统合作,克服疫情困难,作了很多调研,圆满完成了自然科学基金的应急课题,即有关"卡脖子"技术突破的战略研究及对策建议,也得到中央领导的批示。

中心非常重视推动科技领军企业的发展。2021 年 5 月 28 日,总书记提出建设科技领军企业的要求,中心积极进行科技领军企业的研究与咨询,努力推动航天科技、航天科工、中电科等一系列重要的科技领军企业成为国家战略

科技力量。中心的多项智库成果也获得批示。

基地非常重视打造高端学术平台。响应总书记要求加快我国科技期刊的高水平建设问题，中心于 2017 年创办了《创新研究国际学报（英文）》，简称 IJIS。这本刊物自创刊以来，入选中国科学技术协会的中国科技期刊国际影响力提升计划，已被《FMS 管理科学高质量期刊推荐列表》、Scopus 等权威机构收录，今年正在申请 ESCI。中心创办了创新研究国际会议和创新与知识管理国际会议，都在国内外有较大的影响力，进一步提升了清华大学在创新研究和知识管理领域的国际话语权和领先水平。中心与中科院联合主办基金委 A 类期刊《科研管理》，主办 CSSCI 辑刊《创新与创业管理》《演化与创新经济学评论》，在期刊方面我们付出了非常大的努力。

近年来，我们发布了中国创新发展报告蓝皮书，具有非常好的社会影响，同时也吸收了国内外创新的优秀著作成果，在清华大学出版社出版了清华经典系列丛书，为传播以清华特色为核心的创新理论作出了一定的努力和贡献。

中心非常强调科教融合，将优质的科研成果转化成教育资源，非常重视教材编写，特别是 2009 年我们出版的教材已经出英文版了，这是向全世界发行的由我们清华学者编写的文科教材。同时，我们也编著了《劳特利奇创新管理手册》，参与了制订创新管理国际标准。我们非常重视以清华为核心，培养全国的创新管理师资，每年举办全国高校创新管理教学研讨会，培训 40 位创新领域青年教师，并接受 6 位访问学者，培养优秀人才。

另外，我们跟国际咨询单位建立了合作关系，成立了以中国科学院原党组副书记方新为主任的学术委员会，整合了全国最优秀的学者，包括今天到场的薛澜教授，还有国际一流的学科教授组成的国际顾问委员会。近期计划筹备中心的管理委员会，联合加强中心的科学治理，促进可持续发展。

今后，中心将进一步引领世界创新研究的潮流，发展社会主义制度下的创新理论，高水平科技自立自强的战略研究和数字科技下的创新范式。特别是我们要加强社会主义制度下的创新理论研究，1911年是创新理论诞生之年，也是清华创校之年，我们在新的时代要研究社会主义繁荣时代的创新范式，这是非常重要的创新方向。今后我们要努力打造科技创新的智库，清华不仅要在科技成果方面引领全国，也应在科技创新政策和战略方面继续引领国内外发展。当前及未来，科技创新将继续成为国家、区域、产业、企业竞争的焦点，清华大学技术创新研究中心将在教育部、学校领导的指导以及文科处、学院的支持下，继续开展创新理论与方法的研究，并付诸政策制订和产业咨询，为创新驱动发展战略和科技强国建设作出新的贡献。

谢谢！

来源：2021清华大学文科工作会

李稻葵[1]： 以学术思想为抓手，勇担新时代清华社会科学发展新使命

今天，我分享一下对清华社会科学发展的一些思考。交流的话题用一句话概括就是"以学术思想为抓手，勇于承担新时代清华社会科学发展新使命"。

图1-6　李稻葵在会议现场

我认为清华大学社会科学的发展，应该放到世界发展的大格局中来精准定位。习近平总书记反复强调两个大局：

---

[1] 李稻葵：清华大学社会科学学院教授、清华大学中国经济思想与实践研究院院长、苏世民书院创始院长。现任第十三届全国政协常委、经济委员会委员、中国世界经济学会副会长、中德经济顾问委员会顾问委员。

一是世界百年未有之大变局；二是实现中华民族伟大复兴的战略全局。这两个大局与社会科学的发展有什么关系？我认为关系非常密切。

中国的发展已经引发了以美国为首的西方国家的担忧，不仅仅是关键技术方面出现了"卡脖子"现象，更重要的是在意识形态领域，出现了"卡脑袋"问题。今天，在西方的学术界和思想界总把中国和国家资本主义、非自由市场经济、威权主义等词联系起来，中国就好像一个成绩不断提高的学生，但是讲不清楚自己的成绩是怎么提高起来的，于是同学们总是怀疑你在考试中作弊了。且这些指责已经演绎出实际的利益问题，在 WTO 谈判、CPTPP 协定中，中国在国有企业、技术进步等问题上都被视为"另类"的存在，所以在意识形态领域的"卡脑袋"问题实际上每天都在影响着我们国家的发展，这种无形的影响甚至比芯片、航空发动机来得更实际。

反过来讲，中国作为一个世界上备受尊重的崛起大国，在意识形态领域里，必须要产生一套在国际上有影响力、有感召力的新的思想体系，突破西方的围追堵截。为实现这个目标，我个人认为社会科学研究是根本。清华社会科学发展承担着新的历史使命，即如何能够把中国的成功实践总结升华为具有普遍意义的新知，形成一套系统的理论和思想，让其他国家也可以学习借鉴。当然这个总结和升华的过程要建立在学科建设、规范研究的基础上。要实现将中国实践从特殊性到一般性的提炼升华，中国社会科学工作者们责无旁贷，也是未来很长一段时间内清华社会科

学工作的根本任务所在。

如何实现这一目标？仔细梳理，我以为清华社会科学发展可能需要"三箭齐发"。第一支箭，智库建设。在短期内，对于一些重大的时事话题，我们要给国家出好策、谋好计，在这方面，过去一两年内我们取得了很大进步。第二支箭，现行体系下的学科建设。刚才不少同事都汇报过了，从教育部学科评估、国内外论文发表、被引用量等指标来看，我们已经做得很好了。第三支箭，学术思想建设。不同于短期的智库建设，也不同于中期的学科建设，原创性学术思想的培育是一个长期的基础性工作，是要经过一群人数十年的努力，逐步形成一个在国际学术界有影响力的新学科。加强学术思想领域的建设，这恐怕是解决意识形态领域"卡脑袋"问题的关键。

这方面我有一点心得，借此机会向各位作简单汇报。第一，三年前在学校的领导下我们成立了清华大学中国经济思想与实践研究院（Academic Center for Chinese Economic Practice and Thinking，简称ACCEPT），目的就是要从中国经济发展中提炼出经济学新思想和新知识。第二，我们认真梳理，发现中国经济实践中最有心得的经验是处理好政府与市场的关系，也最有可能为经济学贡献新知，为此我联合2007年诺贝尔经济学奖得主，也是我的导师埃里克·马斯金教授，共同提出了"政府与市场经济学（Government and Economics）"这一新的经济学分支。第三，我们创办了一本国际学术期刊，叫《政府与市场经济学研究》（*Journal of Government and Economics*，简称JGE），作为政府与市场经济这个经济学新分支的交流平台。为了尽快培育该期刊的影响力，目前每一期都会邀请已经在国际上具有相当影响力的、诺奖级的学者撰稿，共同推动建设新的学科、新的思想。

总之，我们希望通过创立一个经济学的新分支，与全世界的经济同行一起共同研究源于中国经济实践、超越中国具体国情、具有普遍意义的社会科学的新思想、新知识，最终突破现有的西方意识形态领域的围堵，让中国的大国崛起得到世界范围思想领域的广泛接受。

我讲得很不成熟，请各位领导、同事批评指正，谢谢大家！

来源：2021 清华大学文科工作会

蒋俏蕾[1]：以媒为酶——国际传播与人文交流互鉴视角下的文科建设

关于传媒，中共中央政治局分别就全媒体时代媒体融合发展和加强我国国际传播能力建设进行集体学习，习近平总书记主持学习并发表重要讲话。认真学习了讲话精神，并结合总书记来清华考察时强调，要用好学科交叉融合的"催化剂"，我大胆提出一个"以媒为酶"的设想。前者的"媒"是传媒，后者的"酶"是催化剂。

图 1-7　蒋俏蕾在会议现场

1　蒋俏蕾：清华大学新闻与传播学院副教授、博士生导师。智媒研究中心副主任、清华大学——美国南加州大学数据传播双硕士项目主任。

互联网⁺、AI⁺等媒介技术不断发展迭代,数(字)智(能)时代,传媒作为催化剂的作用日益凸显:既催生了一系列深刻变化,给国际传播提出了新的问题和挑战,也激活着变革、机遇和创新。以媒为酶,有助于厘清三方面的重大变化和创新应对。

国际传播实践变化与全媒体学术研究的新任务

传统的国际传播是通过报纸、广播、电视、通讯社为代表的大众传媒进行的。现今,大数据、云计算、5G、物联网等新兴的传媒技术快速发展,并广泛应用于国际传播。在以往组织化的宏大叙事之外,社交媒体、自媒体将个人化叙事也置于国际传播的前沿。国际传播的内容不限于新闻传播;网络文学、网络游戏、短视频等新型文化产品成为数字文化时代推广中华文化的有力形式。

随着智能技术在传播中的广泛应用,国际舆论场中的算法推荐、信息茧房、社交机器人、深度伪造、元宇宙等现象频出,万物互联、人机共生,传统国际传播的传媒实践和话语边界面临着前所未有的挑战。全媒体时代,智能传播对现实空间、数字空间、精神空间都有显著影响,基于大众媒介的传播理论亟须创新发展。国际传播的学术研究需要科学应变,重新审视传播的本质和规律,来实现内涵的新突破。

清华大学新闻与传播学院在国内率先开展了智能传播、认知传播等方向的基础研究。我参与的智媒研究中心和认知

传播实验平台,将"生理——心理——社会"(Biopsychosocial)视角引入人与媒介交互、信息传播技术与社会变迁的传播学研究,创新现有理论,为完善主体多元、形式丰富、布局立体、内外宣联动的全媒体智能化国际传播格局提供了学理支撑。

国际传播战略的新任务,全科的学科发展新要求

传统的国际传播是以区域或国别为疆界、以比较为视角展开的。当今世界,百年变局和世纪疫情交织叠加,世界秩序面临重构。我国日益走近世界舞台中央,面对时代之问,有能力也有责任在全球事务中发挥更大作用,为解决全人类问题作出更大贡献。在国际传播中高举人类命运共同体大旗,依托我国发展的生动实践,立足五千多年中华文明,全面阐述我国的发展观、文明观、安全观、人权观、生态观、国际秩序观和全球治理观,成为国际传播战略的重要内容。

媒体格局、传播方式、舆论生态的深刻变化,催生出科学研究、社会化传播与决策治理之间的互动,并呈现出快速共同演化的趋势。国际传播需要以更加开放、包容的姿态拥抱学科交叉融合,构建"大文科"视野,从政治、经济、文化、社会、生态文明等多个视角进行深入研究,为全球治理贡献中国力量,夯实"人类命运共同体"理念。

比如,由清华牵头的《柳叶刀倒计时中国报告》,围绕人类命运共同体关切的气候变化与健康,集结多个院系,

文理结合、工文结合、医文结合开展研究。其中，我所在的新闻传播团队负责了报告五大指标之一，系统分析了我国媒体、公众、学界与政府对气候变化与健康议题的关注与参与情况。柳叶刀倒计时亚洲中心落户清华，成为亚洲乃至世界范围内研究气候变化与健康的一面旗帜，具有开创性，我们的年度报告将持续10年，努力在专业和学术上讲好中国故事。

我担任社会科学——跨学科领域国际一流学术期刊《社会中的技术》（Technology in Society）副主编，积极参与国际学术共同体建设，以中国为原点推动融通中外的知识体系构建。我参与牵头组稿的"疫情背景下的共同经历与全球恢复之路"的特刊，就是在东西方文化差异比较和沟通的研究中，尝试主动设置议题和框架，从而更好地向世界推介阐释中国智慧和中国方案。推动用中国理论阐释中国实践，用中国实践升华中国理论，在人类面临的共同挑战中作出中国的知识贡献，形成同我国综合国力和国际地位相匹配的国际学术话语权。

国际传播主体变化与全员人才培养的新要求

传统的国际传播是以新闻媒体、外宣部门等官方机构和专业人员为主体的。社交媒体时代，国际传播的主体日益多元，从官方主导拓展至全员参与，催生出许多鲜活的例子。例如，短视频博主李子柒不断刷新自己的吉尼斯世界纪录，订阅量远超CNN、BBC、CGTN；外交部发言人

第一章
人文·发展创新篇

实力圈粉,被网友称为"外交天团";引爆国际舆论的 CG 画师乌合麒麟;《瑞恩的平安日志》为代表的洋网红等。全员媒体激发下的传承与创新,旨在为国际传播培养高素质、多元化、创造性人才,构筑国际传播的立体架构和最大同心圆,塑造可信、可爱、可敬的中国形象。新闻与传播学院在全国率先招收培养"全球传播"方向的博士生。中宣部、教育部共同管理的"国际新闻传播硕士人才后备项目"(简称"国新班"),为主流媒体培养国际新闻传播高端人才。

中国内地首个招收国际学生的全英文硕士项目"全球财经新闻"(Global Business Journalism,简称 GBJ),截至今年已培养了来自 65 个国家和地区的 243 名国际学生,被誉为"新闻传播教育的小联合国",不断扩大着知华友华的国际舆论朋友圈。其中,韩国毕业生朴晋范的纪录片《超级中国》突破了传统西方看待中国的视角。今年毕业的澳大利亚籍硕士生娜塔莉·迈耶(Natalie Meyer),荣获首届"清华全球传播学生使者"称号,受邀参加中国驻澳领事馆组织的建党百年座谈会,在当前复杂的国际环境中尤为难能可贵。

在邱校长亲自关心与倡导下成立的与美国南加州大学合作的数字传播双硕士项目,引领了新闻传播跨学科人才培养的新方向。"写在丝绸之路上的大篷车课堂""全球胜任力海外实践课程",将传媒素养与历史、文化、语言等教育相结合,在学习调研中提高学生的跨文化尊重。传媒课程通过通识课、未央计划等形式向全校开放,"传播学原理"等课程纳入日新书院强基计划的文科基础课,提升不同专业学生的传媒素养,为其在不同领域涉足国际传播做好准备。

在学校宣传部挂职期间,我参与推动了宣传部同新闻与传播学院签署《全面合作备忘录》,强化人才培养与协同创新,推动学校舆论引导和对外传播能力建设,助力清华的形象塑造和一流高校作为国际传播主体的影响力。

最后,我想分享清华校园中一处特别的景致——新闻与传播学院的院馆。这里是一座"时空之门",爬满藤蔓的宏盟楼,正面看是新闻与传播学院(宏盟英文 Omnicom,意为"全传播"),绕到背面会发现电机工程馆的门牌和大门,瞬间实现从文科到工科的穿越。就在这栋小楼里,数学家诺伯特·维纳(Norbert Wiener)在时任校长梅贻琦的支持下,受聘为清华大学算学系和电机系的研究教授。教学之余,他尝试制造模拟计算机,并对中国文化、社会与人民生活产生了浓厚兴趣。维纳将自己思想发生最大变化的时间定在访问中国的 1935—1936 年。而他更为卓著的身份是"控制论之父",通过信息和反馈建立了工程技术、生命科学和社会科学之间的联系。控制论思想一经面世,就几乎渗透到所有的自然科学和社会科学领域。同一时期,传播学创立。

传播学是一门十字路口上的学科,历史上两次重要的学科发展大讨论,主题都是"传播研究领域中的催化剂"。传媒技术不但成为学术研究、人才培养不可或缺的工具和支撑平台,更成为人文社科纵深交融,与工科、理科、医科交叉联动的重要动力。以媒为酶,直面传媒带来的变局,恳请学校对推进"全媒、全科、全员"的发展建设给予支持,

激活新的增长点，催化新领域，全面释放清华作为世界一流高校的国际传播潜能。

期待在清华文科建设过程中，在传播学的十字路口能与各位相遇交流。

谢谢各位！敬请批评指正！

来源： 2021 清华大学文科工作会

蒙克[1]: 学术成长与学术生态

非常荣幸能有这个机会作为一名青年教师代表进行发言。我的题目是"学术成长与学术生态",那么就请允许我从文科青年教师成长的角度,来谈谈我对这二者之间关系的理解。

图 1-8 蒙克在会议现场

清华大学优良的文科传统:清华国学研究院

学术生态是影响青年教师学术成长最基本的环境因素。

---

[1] 蒙克:清华大学公共管理学院副教授。研究方向为政治经济学、国际关系、社会政策与公共政策。曾获 2021 年首都劳动奖章。

一个学校的学术生态,一定是历史积淀的结果。

正如邱校长在 2021 年庆祝教师节大会上讲话中所说,清华大学的发展,离不开优良的历史传统。而清华大学的文科发展的一个重要的历史源头,就是成立于 1925 年的清华国学研究院。我们今人对于清华国学院的认识,多半是来自于清华艺术博物馆前的四大导师雕像。今天,我们只知道他们是让人高山仰止的大师,却常常忘了,大师也曾年轻过——在他们当中,有两位也曾是不折不扣的清华文科青年教师。

学术成长所需的学术生态:重思想,而非拼数量

其中一位就是陈寅恪。

陈寅恪加入清华的故事,相信大家都有所了解。他 13 岁负笈西洋,求学十余年,让清华国学院的主任吴宓决意招揽之。可陈寅恪虽求学欧美诸多名校,但"只求学问,不求学位"。这样一位"无学位、无著作"的年轻人,到底能否引进?这时候仔细读过陈寅恪文章的梁启超站了出来,作为国学院的元老和前辈,他向校方郑重推荐了陈寅恪,让其在 35 岁时,从清华得到了人生中的第一份工作。

这件轶事总会让我想起自己加入清华时的情景。我于 2015 年申请清华公共管理学院的教职时,非常惭愧,也是一项成果都没有,只有一些也不知道发不发得出来的文章,美其名曰"工作论文"。但公管学院正是像当年国学院的入职考察一样,是由学界前辈基于你写的东西来评判你的学术水平。我记得自己一共经历了三轮面试,每次来的教授

都不同，但他们讨论的多是事关学科底层逻辑的大问题，让我当时心生敬畏，意识到这是一个讲思想，而不仅是拼数量的地方。的确，我们公共管理学院关心的是事关国家和世界的重大问题，例如在刚刚结束的暑期战略研讨会中，我们重点讨论的就是江小涓院长在讲话中所提出的问题，即随着中国的经济社会发展，我国的治理模式，是会跟世界变得越来越一样，还是越来越不一样？

可见，今天这样的学术生态，跟百年前的清华，有着相似之处：那就是注重学术的内容，而非只关注现成的结果。例如，入职时考察什么，在用人单位看来，也许只是招聘流程中的一个环节，但对身为求职者的青年教师来讲，却是得以窥见这个机构学术生态的第一个窗口。如果青年教师从这个窗口中得知这个生态只关心成果的数量，那么他之后一定会为求得职业安全而在量上做文章，但如果这个生态考察的是思想的内容，那么青年教师就会更多朝着提升学术的质量而努力。确实，后者的考核成本更高，但这种成本的付出，在迫切需要科研创新，从而实现学术向内涵式、高质量发展转变的今天，是极为值得的。

那么，在入职之后，青年教师进一步的学术成长需要什么样的学术生态呢？

学术成长所需的学术生态：给信任，而非"抬轿子"

如果我们回到陈寅恪的例子就会发现，在其职业发展的早期得益于一个给予年轻人充分信任的学术生态。今天中国某些高校，在培养年轻人方面的一个做法叫作"在杂事中锻炼,先抬轿子再坐轿子"。那当陈寅恪入职后,给谁"抬轿子"了吗?没有。当时,清华国学院"四大导师"之首的王国维住在西院,陈寅恪经常前去请教,但这种请教不是为了当王国维的好帮手。反而是王国维时常前去陈寅恪居住的工字厅,向其讨教印度佛学,造就了一段"工字厅寒夜对读"的佳话。不仅如此,王国维和国学院还对陈寅恪委以重任,让他负责采购国学院所有与西学相关的书籍,并支持他开设一系列从未有人教过的、开创性的课程。

这样的课程能开设出来,说明这个学术环境不是让青年教师去"抬"别人的轿子,而是信任他、支持他去"守正创新"地走出自己的路。

这让我不禁想起自己开课的经历。我在2020年参加全国高校青年教师教学竞赛时,决定以一门全新的课程——"全球史中的社会学"来参赛。当时就连社会学领域的标杆课教师——晋军老师都对这样的课程闻所未闻。然而,教练组没有一刻对我所选的方向提出质疑。相反,他们指导着我,一次次地试错。过程当然辛苦,当时我还说教练太严。但现在想来,推进学术的边界,在未知领域中摸索,本来就是很辛苦的;而能有人信任,有人陪伴,已经足够幸运。

青年教师的成长,只能在这样的艰辛探索中实现。这样的探索就如任何一种对边疆的开拓方式一样,充满着孤独和风险。在这样的情况下,完全放任青年教师在"不发表就出局"的丛林竞争中拼杀,或是让其完全在大佬的羽翼下"做杂事""抬轿子",这两种极端都不利于年轻人成长。

一种学术生态，只有以"信任"为基础，一方面相信青年教师自己选择的学术方向，另一方面又在其需要时提供支持并容忍其失败，只有这样才能鼓励他们在最具创造力的年华，敢于直面新时代提出的难题，走出自己的路。没有这样的信任，青年人成长的结果就不会是卓越，而只能是平庸，甚至是附庸。

青年教师的学术成长："清华学派"的重要基础

事实上，得益于国学院充满信任的环境，从而成长为成就卓越的青年教师的人，并不止陈寅恪一人。四大导师中最年轻的一位，也是后来被称为"汉语言学之父"的赵元任先生，他初次加入清华时只有28岁。当他在中国历史上第一次运用现代录音技术和声学理论对中国方言进行搜集和研究时，国学院立即调整课程安排，给了他一个学期的时间，支持他前往江浙进行田野调查。

这种信任和支持，无形中给了清华的年轻学者们底气，而这种底气，是建立清华学派的必要条件。赵元任在国学院时，组织了一个学者沙龙，名叫"数人会"。

所谓"数人"，有两层意思。首先，字面上它就是"几个人"的意思。这个沙龙，以赵元任等清华学者为中心，联系了许多外校学者，如钱玄同、刘半农、林语堂等人，专门讨论汉语的罗马字拼音问题。

其次，"数人"还有一个更深的含义：它其实出自隋朝语言学家陆法言《切韵》中的"我辈数人，定则定矣"一句。

也就是说，如何解决重大问题，由我们几个人确定了就行了。的确，这个沙龙经过22次讨论后形成的《国语罗马字拼音法式》，就对新中国成立后的《汉语拼音方案》起到了开山辟路的作用。

"数人会"让我联想起今天的清华大学文科沙龙。这个沙龙于2019年在邱勇校长、副校长彭刚老师的关怀支持下开始，分别由几位来自法学院、美术学院、社会科学学院、人文学院和公共管理学院的青年老师们组织开展。目前已举办16期，关注的议题包括——人工智能、国家形象、法治进程、教育公平等，无一不是今天中国面临的重大课题。所邀请的嘉宾，几乎来自所有的清华文科院系，他们在多学科的交融与碰撞之中，汇聚出针对时代议题的创新解法。

事实上，这种直面时代难题时"数人定则定矣"的气魄，是青年学者最应该贡献给学术生态的。的确，青年教师自身也是学术生态的一部分，我们不该只问学术生态能为我们做什么，还要问自己能为这个生态贡献什么。

青年教师的学术成长如何反哺学术生态

那么，改善学术生态，青年教师能够做哪些事？就如邱勇校长所说，首先是要直面重大问题，用良好的问题意识去研究时代的真问题、新问题。这并不是说老一辈的学者不做这些研究，而是说青年学者对于这些问题的研究和思考有着独特的优势：的确，身处教学和科研的第一线，青年学者最直接地面对着新涌现的时代议题；对于文科教师来说，更是最直接地面对着被这些新问题所裹挟、所困扰的年轻人的内心。

以我作为一名社会学背景的文科教师为例：在与清华同学的交流中，我感受到他们中有些人不愿恋爱结婚，结婚了不愿生孩子，工作后想躺平，不甘躺平想奋斗却害怕内卷，于是，他们对阶层上升不抱希望，对政府政策怨气重重。所有这些都说明我国经济在高速发展之后，在诸多社会关系上——如两性关系、家庭关系、劳资关系、阶层关系等等，都出现了极大的紧张。理解并缓解这些紧张，难道不是中国文科的紧迫任务吗？那我们自己的研究，又有多少是直面这些真问题、提出新解法的、充满"定则定矣"那种气魄的思想结晶，而不是自娱、自乐、自肥的晋升敲门砖？文科能否形成"清华学派"，并不取决于我们在别人已经划定好的研究议程和现成的学术赛道上表现得有多么出类拔萃，而在于我们清华人能否定义并回答当今时代提出的新问题、为我们的下一代定下一个更好的发展思路。

既然提到下一代，那青年教师能为学术生态做的第二件事，就是教书育人。没有人能永远年轻，但永远有年轻人。明天的学术生态真正的承载者，是我们今天的学生。青年学者如果渴望拥有一个重视思想并充满信任的学术环境，那我们自己有没有用同样的标准来要求自己，并这样对待自己的学生呢？

在此，我想再次回到赵元任先生，用他的例子来结束我今天的发言。赵先生一直鼓励自己的学生要勇于突破前人，发前人未发之论。而他的一位研究生，就尝试论证一

种语法现象在西文里十分"罕见"。这篇论文虽得到了梁启超的赞赏,却被赵元任批评为"不严谨",因为"言有易,言无难"——言有,一个例子足矣;言无,一个例外就可推翻;你不对种类繁复的西文有相当的认识,断不能说它没有某一种文法。之后,这个学生吸取教训,又写了一篇论文,论证某种发音在两广方言里没有。这下得到了赵先生的肯定,并将其推荐发表。可没想到,当赵元任亲自前往广东调查方言时,竟发现了例外。此时的赵元任已不是清华的全职教授,而这位学生也早已远赴巴黎求学。但赵元任还是专门去信,将自己的发现告诉这位学生。这位曾经的清华研究生直到年过八旬时,仍对此事记忆犹新,他就是清华国学院培养的众多重要学者之一,我国著名的语言学家——王力先生。

我举这个例子是希望说明,优良的学风、良好的学术生态,既是青年学者学术成长的条件,又能通过后者自身的努力创造出来,并传承下去。

今天,我以清华国学院曾经的青年教师为例,试图联系起百年前和今天的清华,以阐述我对学术生态和学术成长之间关系的理解,并表达我对身处清华优良学术传统和学术生态氛围之中,内心的感激、骄傲和自豪。

以上是我的一点个人感受,有讲得不对之处,敬请各位领导和老师批评指正。谢谢!

来源:2021清华大学文科工作会

孟天广[1]：文理交叉驱动"计算社会科学"

作为青年老师代表，我非常荣幸有机会向大家汇报我的一些思考和想法。我今天分享的题目是"文理交叉驱动'计算社会科学'"，主要聚焦于我自己近年来参与比较多的工作，来谈谈交叉学科的建设。

图 1-9　孟天广在会议现场

为什么社会科学现阶段要发展交叉学科？尤其是结合文理交叉特色来驱动社会科学新的演变，实际上是基于这

---

[1] 孟天广：清华大学政治学系长聘副教授，仲英青年学者，社会科学学院副院长，计算社会科学平台执行主任，数据治理研究中心执行主任，苏世民书院兼聘教授。

样一个基本判断：百年未有之大变局孕育着新社会科学，这是基于以下四方面的原因。

第一，伟大的社会实践通常孕育着社会科学新思想的迭代。英国崛起、美国崛起、苏联崛起都产生了社会科学的新思想，时至今日仍然影响社会科学的基本理论体系。中国改革开放的伟大社会实践为社会科学思想创新提供了实践土壤。

第二，科技创新驱动着社会科学研究范式的转换。第一次和第二次工业革命塑造了社会科学的实证传统，驱动着社会科学从统一走向细分，近年来以数字和智能技术为代表的第四次工业革命则带来科学研究第四范式——数据密集型研究范式，社会科学也再次从细分迈向交叉融合。

第三，国际大变局下中国崛起必然要求社会科学新话语体系。伴随着国际形势变化以及中国崛起的历史命题，提出观察、解释和分析中国崛起的新话语体系是中国社会科学的重大使命，是国际社会理解、认同和学习中国经验、中国模式的必备前提。

第四，新发展阶段国家治理与经济社会发展迫切要求培育复合型新社科人才。从人才培养实践来看，社会各界日益需要既具备社会科学知识，又具备数字智能素养的人才。

清华新社科发展的若干思考：学科布局

在此背景下，清华社会科学未来发展的学科布局应该包括三个部分：一是基础社会科学，其任务是在新时代为社会科学经典问题提供新思想、新话语,譬如马克思主义、政治学、经济学、社会学等学科;二是应用社会科学,譬如经管、公管、法学、新闻传播,为国家治理和经济社会发展提供新价值、新动力;三是清华具备比较优势的新兴交叉学科,旨在面向数字智能时代形成新理论、新范式,譬如已经具有一定基础的计算社会科学、数字治理等。

计算社会科学是人类社会进入数字时代的新兴交叉学科,是社会科学在数字时代的新发展。近10年来,全球范围内来自计算科学、社会科学、数据科学、数学与统计领域的诸多学者敏锐地感知到学科交叉所萌生的知识生产机遇,诸多国际顶尖大学也纷纷建立相关研究机构,如哈佛大学加里·金(Gary King)领衔的 Intitute for Quantitative Social Science,简称 IQSS(量化社会科学研究所)、芝加哥大学詹姆斯·埃文斯(James Evanc)主持的知识实验室(Knowledge Lab)、斯坦福大学的社会科学研究院(Institute for Research in the Social Sciences,简称 IRISS)、美国东北大学的拉泽尔实验室(Lazer Lab)等。

经过长期探索,我们越来越深刻地认识到计算社会科学并非简单的学科交叉,不只是传统上理解的用计算方法研究社会问题,实际上代表着数字时代乃至未来智能时代,社会科学在本体论、认识论和方法论等基本问题上的深刻转型。首先是本体论,人类社会的数字化转型产生了不同于既往的新研究对象,如数字社会、人机交互社会,这要求我们对新现象的本质特征、组织构造和运行机理提供基础概念和分析框架;其次是方法论,也就是将大数据方法、

机器学习和人工智能应用于社会科学知识生产，譬如数据驱动范式；再次是认识论，这需要我们对诸多新生社会经济现象，如数字社会、数字经济、数字治理、算法治理提供解释和预测的新概念、新理论。

2009年，美国新英格兰地区的15位来自物理学、数学等自然科学和政治学、经济学、社会学等社会科学领域的学者在《科学》杂志刊文提出计算社会科学（CSS）的学科构想，认为计算社会科学有三个任务：如何融合社会行为和计算系统构建社会计算体系；如何利用计算技术帮助人们进行沟通与协作；如何利用计算技术研究社会运行的规律与发展趋势。此后《自然》《科学》设置常态化CSS专栏，推进新领域的知识积累。据不完全统计，两刊迄今已发表了45篇相关论文。

计算社会科学的清华探索

清华在国内最早开启计算社会科学研究，社科学院、法学院、公管学院、经管学院等诸多文科院系出于学术自觉推进本学科与计算科学、数据科学的交叉融合。事实上，计算社会科学面临着一系列新的科学问题，譬如数据和算法治理的基础理论和方法体系，数字经济与社会的理论模型与运行机制，国家治理数字化转型的原理、规律与路径等，这些新的科学问题关系到数字社会的基本问题。计算社会科学也推进着研究范式转型，譬如数据密集型范式、计算智能型范式和"人——机——物"混合研究范式等新兴研究范式的拓展，进而对理解与解释数字经济、数字社会、数字治理等经济社会重大转型提供原创性理论与知识体系。

以我所服务的社会科学学院为例。2014年，社科学院几位教授就对大数据与社会科学的融合产生了学术兴趣，自发性地组建了大数据社会科学研究小组。经过两年的探索，学院决定建设计算社会科学平台，成立国内首个CSS研究机构，这个平台的定位是给全校师生提供社会科学研究的公共品，包括海量数据资源和算法、算力等技术支撑。2018年6月，社科学院联合软件学院、法学院建设校级科研条件平台，依托计算社会科学平台发挥学科交叉、数据共享、计算协作、人才培养的功能。现阶段我们已经聚焦计算社会科学搭建了两个科研服务平台，面向全校师生提供免费服务：一是数据平台，已经汇聚了15种大数据资源，包括社会数据、政务数据和经济数据等；二是计算平台，为清华学子提供在线教学和编程服务。

诸多基础社会科学和应用社会科学都自发性地形成了计算社会科学的多个交叉方向，譬如数字治理、数字经济、计算法学、计算政治学、计算社会学、计算传播学等。而在计算社会科学的学科建设中，清华依托文理交叉优势，学科门类齐全，科研成效突出，已经形成了学科引领地位。2018年，我们联合国内32所顶尖高校发起成立了中国计算社会科学联盟，由清华大学担任秘书长单位，现阶段已经形成了"全国计算社会科学高端论坛"年会制度并已举办三届。2021年将在浙江大学举办第四届年会。同时，我们与哈佛大学、斯坦福大学、芝加哥大学等国际顶尖高校建

立密切合作，形成计算社会科学国际网络，并已经举办了两届计算社会科学国际大会。2021年清华大学校庆期间在线举办的第二届计算社会科学国际大会吸引了全球10多万人的关注，产生了广泛的学术和社会影响。为了在国际学术界积极发出中国声音，2020年清华大学创办了国内首个计算社会科学英文期刊（《社会计算（英文）》）(*Journal of Social Computing*)，已经进入IEEE索引，目前正在筹划创办《计算社会科学评论》中文杂志。

依托学科发展和科研平台建设，学校陆续启动了若干计算社会科学人才培养项目。首先，面向清华学子搭建了计算社会科学教学平台，为学生提供在线教学平台、在线课程和在线编程工作坊，培养文理交叉复合型人才。其次，依托社科类院系与软件学院、计算机系的长期合作，大数据分析能力提升项目已经累计培养了2500多名学生，开发了25门相关课程。再次，面向全球范围开办清华大学大数据社会科学讲习班，2014年至今已经连续举办8届，累计培养了1200多名青年学者，获得国内外学界的广泛认可。

复合型人才培养体系

作为新兴交叉学科，计算社会科学不仅蕴含着诸多重大理论问题，更支撑着数字中国、智慧社会等国家战略需求。近年来，清华诸多社科类院系形成了"自觉"，与计算科学、数据科学开展交叉融合形成"共振"效应，在基础社会科学、应用社会科学等几乎所有学科领域均形成了代表性团队,承担了国家重大研发计划、国家社科基金重大项目、国家自然科学基金重点项目等大量国家重大科研任务;在国内外顶尖学术期刊上发表了一系列高水平学术成果的论文,在数字经济、数字政府、数字社会和数字法治领域带动了若干服务国家战略的示范应用,成为引领文理交叉的学术基地。

可以说,计算社会科学交叉学科的发展生动地体现了经由学科"自下而上"与学校"自上而下"两种学术自觉驱动学科创新的清华路径。在各学科自觉探索"计算⁺"推进新文科建设的基础上,学校统筹建设公共平台,为全校推进文理交叉提供算法、数据、算力等科研基础设施,搭建实验教学平台支撑复合型人才培养,进而打造学科创新平台和决策支撑平台引领学科建设。

计算社会科学的清华路径

计算社会科学是数字和智能时代社会科学发展的必然趋势,是清华社会科学实现学科引领、迈入国际顶尖行列的关键战略。可以说,计算社会科学是全球范围内的新鲜事物,东西方学界正在同步探索,清华具备文理交叉的独特优势,因此也具备了在新时代创新社会科学的新思想、新理论、新范式的学术担当。基于全校不同学科的共同努力,我们已经初步形成了文理交叉科学研究和人才培养的优势条件,在国内居于引领地位,积极介入国际学术共同体建设并发出中国声音。

最后尝试着提出以下几点建议：一是加强学校统筹，在校级层面培育"多学科汇聚、文理交叉"的校级计算社会科学研究平台，更加系统性地统筹不同学科自下而上的学术自觉；二是高度重视文理交叉，加快推进计算社会科学交叉学科建设；三是依托清华学科交叉基础先行先试，率先培养计算社会科学复合型人才；四是打破学科壁垒，构建知识生产新模式，推广师资队伍双聘、兼聘体系，推动学科的交叉融合。

我的分享到此结束，敬请指正。谢谢！

来源：2021清华大学文科工作会

陈岸瑛[1]： 向美而行：清华美育的回顾与展望

我谨代表清华美育课题组及负责人刘巨德先生，汇报我们一年多以来对清华美育的研究和思考。

图 1-10　陈岸瑛在会议现场

向美而行——清华大学美育之路

2017年，邱勇校长在本科生开学典礼上发出了"向美而行"的号召。在讲话中，校长对美育的内涵和外延作了

1　陈岸瑛：清华大学美术学院长聘教授、博士生导师、艺术史论系主任。从事艺术理论教学研究。

明确界定，并就美育对清华大学培养高质量一流人才的地位和作用作了精辟概括。校长说，美育的首要职责是让人懂得如何感受美、欣赏美，包括艺术之美、自然之美、科学之美和人性之美。

2020年3月，受邱勇校长委托，刘巨德先生牵头成立了清华美育跨学科课题组，成员包括来自于实施美育的各部门代表以及文科、理科、工科关注美育的专家，其中也包括著名数学家丘成桐先生。

课题组第一阶段成果是编撰了《向美而行——清华大学美育之路》一书，对清华美育的过去、现在和未来进行了总结和展望。今年暑假完成了书稿，经过广泛征求意见和反复修改，目前已通过大学终审，正在出版社走最后的流程，大约10月份就可以问世。

书的开头部分是清华美育名言辑选。清华历史上有很多大家，他们关于美、艺术和人生的感悟，是我们再次出发、向美而行的思想宝库。特别值得一提的是，除了辑录美学家、文艺理论家的名言，我们也搜罗了不少科学家的观点。

第一部分"继往开来的清华美育"，主要是回顾历史，总结历史经验。

第二部分"博雅通识的清华美育"，主要是校内各部门推行美育的实践经验总结，以及对清华美育的未来展望。

第三部分"文理会通的清华美育"，主要是在艺科融合、文理会通的语境之下对美与真、美育与创造力关系的讨论，特别是如何通过美育来提升理工科学生的创新创造能力。

根据前期研究以及对海内外相关院校的调研，我们认为清华美育其实已走在全国前列、步入世界一流。清华美育还有以下三个优势条件。

第一个优势条件是清华有着底蕴深厚的美育历史。早在1947年清华就已提出建立艺术史学科的建议。在此期间，还培养出了一位优秀的学生王逊。王逊后来去了中央美术学院，1957年成立了美术史系，这是新中国第一个美术史系。我所在的艺术史论系于1983年正式成立，这是新中国第一个工艺美术史系，以工艺美术和设计史论研究著称，1999年并入清华后，也开始大力发展美术史论研究，近年来又大力建设艺术学理论学科。我们系有不少学生对从事美育工作很感兴趣，在暑期社会实践中开展了不少美育方面的支教活动。

第二个优势条件是清华有优美的校园环境和一流的文艺场馆，如清华大学艺术博物馆、新清华学堂、蒙民伟音乐厅和音乐图书馆等，尤其是其中的艺术博物馆，作为国家一级博物馆，开展了诸多有影响力的社会美育和校园美育活动。

第三个优势条件是清华有多样化的美育实施主体和丰富多彩的美育课程。美术学院、建筑学院、人文学院、艺术教育中心、艺术博物馆、图书馆和新雅书院等单位，都在开展丰富多彩的美育实践活动。据最新统计，全校艺术类选修课已达200余门，选修学生每年超1.2万人次，通识课组有百余门美育课程。

新时代　新美育

在清华喜迎110周年校庆之际，习近平总书记考察清华，第一站就来到美术学院,体现出国家对艺术教育的高度重视,同时也对新时代美育提出了新的要求。他指出:"美术、艺术、科学、技术相辅相成、相互促进、相得益彰。要发挥美术在服务经济社会发展中的重要作用,把更多美术元素、艺术元素应用到城乡规划建设中,增强城乡审美韵味、文化品位,把美术成果更好服务于人民群众的高品质生活需求。要增强文化自信,以美为媒,加强国际文化交流。"

我们认为新时代清华美育是一个提质升级的过程,包括以下四个方面的任务。

第一,凝练清华美育精神。需要从百余年历史中凝练出清华美育的特色和高度,并形成广泛共识。

第二,形成统筹协调机制。在校领导的直接领导下,新的机制正在形成之中,期待尽快形成组织保障和政策支撑。

第三,打造核心课程体系。目前美育课、艺术通识课数量众多,但课程体系有待梳理,金课数量有待提升。

第四,教学成果交流与传播。期待大家一起努力,总结形成具有典范性和示范性的教学成果,引领全国美育的发展。

面向未来的清华美育

据我所知,清华大学正在制订面向2030年的美育战略规划。今天上午我到校团委参加了清华大学高层次人才培养美育行动方案的论证。与会专家一致认为,要想推动实施这样一个方案,首先有必要澄清一些最基本的理论问题并达成共识。

在"三位一体"教育理念引领下,我们首先要搞清楚的一个基本问题是:什么是审美能力,如何培养审美能力以及由此带来学生价值观哪方面的变化。

什么是审美能力?如果上溯到席勒、康德以及康德之前的英国经验论美学去考察审美、美、趣味、趣味判断等基本概念,会发现所谓审美判断力或审美能力有一个日常生活的基础。朴素地理解,审美能力就是一种感受和享受美好生活的能力。在享受美好生活的过程中,人的感觉会变得越来越精细,在感觉细分中形成标准和判断,形成一套基于快乐的知识系统。

审美能力可否培养?我们认为是可以的,因为审美也是一个求知的过程,只不过这种求知依赖于感官,并且充满快乐。

我们认为审美教育培养的审美能力大致包括以下三个方面。第一,享受美好生活的能力。通过普及性的欣赏课传授凝结在经典审美趣味中的知识,通过课外体验活动培养针对特定对象的感受能力,使学生热爱生活,充满生命活力。第二,艺术表达和创新能力。美育包括艺术通识教育。哈佛大学和麻省理工学院均十分重视艺术通识教育,尤其是通过艺术创作实践提升学生的创造力,打破人为设定的边界,养成自由探索、自由创造的精神。李睦老师开设的通识荣誉课程"艺术的启示"在这方面取得了诸多成效。第三,文化传承能力。美育还包括艺术史通识教育。艺术

是一部无字天书，蕴藏和传承着人类文化基因。实施艺术史通识教育，传授图像学、图案学等基本方法，开展博物馆和田野考察，可以帮助学生提升解读物质和非物质文化遗产、把握艺术形象的能力，从而理解人类文明，读懂中国文化，获得发现地方之美的眼光。

汇报完毕，敬请各位专家批评指正。

来源：2021 清华大学文科工作会

李 蕉[1]： 学生、学术、学科与创新的关系

非常荣幸能有这样一个机会在这里发言，但作为一个青年学者，我其实是非常惶恐的。因为台下就座的多位教授，都是在我读书时就曾特许我蹭课、蹭讲座来听的师长，而我接下来的发言，则像极了一次延期了许久的学术答辩。

图1-11　李蕉在会议现场

从2009年第一次站上清华讲台开始算起，我已经在清华从事教学和研究工作12年了。这12年里，我感受最深、

---

[1] 李蕉：清华大学马克思主义学院长聘副教授、博士生导师，教务处副处长。曾荣获全国五一劳动奖章、中宣部"四个一批"宣传思想文化青年英才等多项荣誉。

也受困惑最深的便是四个字：理论创新。

当前，在制订"十四五"规划的背景下，"坚持创新驱动"这一短语在多个场合被反复提及，因为"创新"不仅有助于实现高水平的自立自强，同时也是破解"卡脖子"问题的内在要求——这让"创新"忽而变得急迫起来，哪怕是节奏一贯较为缓慢的人文领域。

但对我来说，"创新"早已不是一个抽象的词汇，在过去的12年里，我曾被动或主动地反复想过"如何进行理论创新"。这也就引出了我今天汇报的一个主题：学生、学术、学科与创新的关系。

首先，是因为"学生"，我不得不去思考创新。正如各位老师所知，我除了从事中共党史领域的研究，还在教思想政治理论课。所以在12年的职业生涯中，我常常会遇到学生提出的极具挑战性的问题。或许有老师觉得，"被提问"不是教书的常态吗？是的，的确如此；但如果是连续在16周里被600位学生提问呢？我想说，那是非常可怕的。在我教书的第二年，那时学校还没有开放交流时间制度，我甚至在一个学期里回复了学生2400多封邮件，以应对他们各种各样的问题。当我在期末整理教学记录时看到这个数字，我也被自己吓了一跳。而更令人瑟瑟发抖的是，伴随着优质生源不断涌入清华，我要回答的问题越来越难——原来我的学生只是会问："老师，中国共产党是怎么赢的？"这已经促使我在"史实"的延长线上去作更多的描绘；但现在，他们会问："老师，共产党的底层逻辑是什么？为什么就她能反败为胜、化危为机？"显然，这已不是仅仅通过梳理史实便能讲清的道理。但若现有理论不足以解答学生的困惑，对我来说便没有退路，因为我扛不住600个学生的不信。于是，我扎根学术，想借助研究，让学生"相信"。由此，我将研究对象从共产党拓展到国民党，通过比较在20世纪同一个时段发生的共产党的"整风运动"与国民党的"健党运动"，探究中国共产党在开展自我革命时的底色与特色。由此，我将研究文本从中文档案拓展到英文档案，带队去美国胡佛档案馆、哥伦比亚大学档案馆，厘清工合组织与陕甘宁根据地的一系列或隐或显的合作，探究中国共产党在推动社会革命时的依据与原则；我还将研究视域从单一的政治领域延伸至经济领域，观察经济改革与政治革新的复杂互动，探究中国共产党之所以能以一场伟大的自我革命带动一场伟大的社会革命的底层逻辑。非常幸运的是，这些研究让我探得了一些新知，不仅助力了科研论文的发表，也反哺了我的课堂教学。但是，反过头来再想想，有了这些基于史实延长线的中观推论，便足以彻底说服我的学生们吗？恐怕答案依然是否定的——学生有可能在某一点上被说服，但面对哲学社会科学领域日益焦灼的"概念战争"，没有体系化的理论构建，深度认同是很难达成的，更谈不上基于认同之后的引领。

所以，学科必然要成为推动理论创新的重要根基。然而，相较于其他传统学科来讲，马克思主义理论学科还相当年轻，其中的二级学科也几经更迭，目前仍处于一个发展调整期。我也曾反复思考，我所从事的中共党史研究，显然从研究方法上更靠近历史学，但为何会与马克思主义

基本原理、马克思主义中国化、思想政治教育等其他6个学术根脉皆不尽相同的二级学科组成一个学术共同体？由此而引发的一个问题便是，未来的中共党史研究要往何处去？

在中国共产党一百年的发展历程中，中国共产党领导中国人民取得了诸多辉煌的成就；这些成就，必定有其原因和道理。若把这些原因和道理归结为对西方的移植、验证、抑或对中国的"例外"和"偶得"，都会低估中国经验的普遍价值和世界意义。

事实上，在过去的一百年中，中国共产党在实践中已逐步形成了许多尚未被充分阐发的内生性特质：例如，中国共产党作为一个拥有9千多万党员的超级政党，其自我革命和发展进化是内生的，而非源于外部竞争；又如，中国共产党一直努力创造区别于欧美的现代化路径，推动社会革命以实现"以人民为中心"的意愿和努力也是内生的，这些都是当前西方政党理论难以解释的现象。

因此，当下的中共党史研究，若仅仅只是囿于"历史地理解中国共产党"，或难以担负其时代使命，它需要主动回应并系统阐发的是"中国共产党究竟是一个什么样的政党，它要建设一个什么样的中国"。从这个意义上讲，中共党史研究的核心议题则与马克思主义理论学科之下的其他6个二级学科更为接近。尽管它们组成了一个中国特有的一级学科，但它的使命就是要着力回答那些源于中国的理论问题。

理论是问题之树盛开的花朵。马克思说："一个时代所提出的问题，和任何在内容上是正当的因而也是合理的问题有着共同的命运：主要的困难不是答案，而是问题。……问题就是公开的、无畏的、左右一切个人的时代声音。问题就是时代的口号，是它表现自己精神状态的最实际的呼声。"的确，理论创新最深厚的源泉来自于实践，但实践不可能自动地升华为理论，必然要通过问题这一媒介。

当我的学生向我提出问题，当我在学术研究中尝试回答问题，当我在马克思主义理论学科的共同体中研讨交流问题，理论创新便在一步步接近。尽管任重而道远，但我身处于这一接续奋斗的行列之中，与有荣焉，还将不断奋进。

以上便是我的一点思考。不对之处，敬请各位老师多多批评！

来源：2021 清华大学文科工作会

第二章
人文・思想掇英篇

黄德宽[1]：传统的力量：清华简的当代价值

在人类文明史上，传统文化从来就是一种深沉而伟大的力量。它连接着人类文明的过去，规定着人类社会的当下，也影响着人类发展的未来。不同的文化传统使不同地区和国家的发展千差万别，各呈异彩。

五千多年来，生生不息的中华文明是世界上最古老、最源远流长的文明。它影响着我们的生活，在现实、在历史、在每一个地方都存在着，成为中华民族基本的文化基因。它是涵养社会主义核心价值观的思想源泉，也是实现"两个一百年"奋斗目标和中华民族伟大复兴的根本力量所在。

中华文化传统之所以得以完好地保存和传承，语言文字的作用居功至伟。历代积累下来的传世文献，保存了不同时期中华民族的智慧和思想精华。地下新发现的殷商甲骨文、两周金文、战国秦汉文献更是上古历史的原生态再现。

以清华简为例，2008年，入藏清华大学的战国竹简约2500支（枚），被学术界誉为继汉代"孔子壁中书"、西晋武帝"汲冢竹书"之后的第三次先秦文献的重大发现。清

---

[1] 黄德宽：清华大学人文讲席教授、出土文献研究与保护中心主任，兼任中国文字学会会长，中国文字博物馆馆长等职务。主要著作包括《古文字学》《古汉字发展论》等，近年主持清华简的整理研究工作，主编《清华大学藏战国竹简》第九辑、第十辑等。

华简的内涵极其丰富，经过十多年的整理和研究，它的神秘面纱被逐渐揭开。到目前为止，我们已经整理发布了10部研究报告，公布了各类珍稀文献55种（篇），其中44种（篇）入选了《国家珍贵古籍名录》。清华简不仅包含了《诗》《书》类等古代文化传统的核心内容，还有多种记录商周历史和先秦思想史的珍贵文献，以及数学、天文、历法等方面的科技史料。这些新发现对古代历史、先秦思想史、科技史以及古文献学、古文字学等都有重要的学术价值和意义。

图2-1　清华简整理报告10部（2011年~2020年），公布各类珍稀文献55种（篇）

我们都知道，先秦时期是中华民族精神和文化传统形成的关键时期。清华简再现了先秦时代历史文化的原生态面貌，为我们深入挖掘和阐发中华优秀传统文化精髓提供了极其珍贵的原始材料。

比如，清华简中发现了《虞夏商周之治》等一批有关治国理政的佚文。其中一篇《治政之道》长达3300多字，是目前所见先秦最长的一篇政论文章。这篇文章对治国理政的论述系统而深刻。这批新发现的文献是先秦思想史、政治制度史的珍贵记录,它既包含和传承了商周时期的有关思想元素,也反映出战国时代社会发展和政治文化的变革精神。这些文献虽然沉埋地下2300多年不为人所知,若一旦问世,其深邃的思想依然熠熠生辉,可为当代治国理政提供宝贵的借鉴,如以下几点。

第一,以史为鉴。《虞夏商周之治》等多篇简文对夏商周的历史乃至东周时期的诸侯国兴衰更替的历史进行了总结,从中汲取治政的经验和教训。以史为鉴是中华民族优良的文化传统,这些文献体现出在先秦时代这种传统就已经有了相当的影响力。

第二,以民为本。简文《尹诰》,记载夏桀自害其民,因此老百姓就产生了"离心",最终招致灭亡。《厚父》篇认为,"民心惟本,厥作惟叶"。《天下之道》论天下之道关键在于得民心。《治政之道》篇主张明君治国,要修身修德,施教以用民;勤恤百姓,度力以使,均利兼爱,勿虐民滥刑。民本思想是中华优秀政治文化的精华所在,清华简多篇文献展示了这一思想的早期形态,为当代政治建设提供可资借鉴的思想资源。

第三,选贤任能。简文《良臣》列举了传说和历史上的60多位良臣贤相。另外,如伊尹、傅说、子产、管仲等名臣在多篇文献中是主要人物。《邦家处位》从正反两面论述良人政治与邦家兴衰的关系。《治政之道》提到,对人才的选拔要通过听其言、察其貌、观其形、课其功,然后再谨慎地使用;同时主张以"仁"和"有道"作为选才的标准,不论出身,唯贤才是举。明君贤臣是古代治国理政的理想

追求，这种思想在清华简中表现得尤为突出。

第四，"刑法中正"的思想也在多篇清华简中出现。《成人》篇是目前所知最长的一篇关于先秦的法律文献，它强调"司中司德"。这些简文内容表现出先秦时期"刑法中正""刑德并重"的思想和追求。

以上所举这些治国理政的思想，虽然各种传世的文献也有记载，并不同程度地影响古代的一些明君贤相，让他们在治国理政的过程中也有所使用。但是，对这些思想的渊源所在、对它形成历史的认识，则由于清华简的发现而得到极大地深化和拓展。

总之，清华简不仅使我们有机会领略先贤们深刻的思想、卓越的智慧，也使我们更具体地感受到中华文化传统的深远影响和巨大力量。我们相信随着清华简整理研究的不断深入，清华简的价值和意义必将在民族复兴的伟业中得到进一步的彰显。

来源： 清华大学 2021 大学·思想论坛

江小涓[1]：数字经济，人文学科与全球治理

数字连接万物、连接世界，极大地提升了人类跨国合作交流的能力。人们比较熟悉的国际投资、国际贸易、全球产业链，现在也在数字技术的加持下，国际合作交流的能力得到了极大的提升，主要体现在以下几个方面。

数字技术提升了全球范围内市场跨国配置资源的能力。以前我们有全球化的产业链，但主要集中在制造业领域。在数字技术的推动下，几乎所有的服务业都快速地在网络空间和数字空间中加入了全球化的进程。比如，我们国内最大的生产者服务提供商是一个很大的平台，除了有国内的很多企业之外，还有25个国家十多万个企业在平台上注册。例如，当一个企业需要设计一个新的LOGO，可以在平台上发布，各国设计师都可以在平台上接单。如果这一单比较复杂，还有可能在平台上由多国企业共同提供服务。

数字技术还极大地丰富了各国文化的分享和交流。现在我们无论处在世界上哪一个地点，只要你能登陆数字化音乐平台，就可以选择自己最喜欢的音乐作品。比如，我们国内的三大音乐平台在某个时段中点击量最多的10位音乐家，有中国的歌手，有加拿大的歌手，还有美国、韩国、

---

[1] 江小涓：现任全国人大常委会委员、中国行政管理学会会长，曾四次获得孙冶方经济科学奖、第五届中国经济理论创新奖。

日本的歌手，的确呈现出非常多元和多彩的文化交流。

数字技术还极大地拓展了全球创新的网络。这个变化是非常重要的。现在在互联网空间有了数字创新工具的加入，我们多国的研发人员、技术人员可以异地同时在网络空间开发新的产品，作出创新。例如，2018年的一款车的设计，从概念到草图到渲染效果，再到零部件，最终到整车的展示，不出一张实体草图，不做一个实体的模型，全部在互联网空间完成。这是30个国家400多位设计师一起完成的一款车的设计创新。所以现在的数字时代，全球化的分工已经是全链条的。我们以前讲发达国家来做设计、做研发，然后分散到世界各地去制造。而现在，我们从创意、设计、研发到制造、服务、文化都已经全球化了，这个全球化的全业态、全生态已经整体形成，这得益于数字技术的加持。

除了经济之外，数字技术还极大地提升了各国共同应对全球突发事件的能力。在疫情期间，大概有4万多名医护人员到过武汉前线，国内有一家平台搭建了一个全球医生跨国平台，邀请有经验的医生到平台上和各国医生分享我们的"抗疫"经验，可以一对一，可以一对多，也可以多对多地进行，并提供11种语言支持，从而在疫情早期非常有力地帮助了其他国家，特别是发展中国家"抗疫"的斗争。

我们看到了数字技术给全球跨境交流合作带来了非常多的福利，但同时也带来了很多挑战。个人隐私保护、市场竞争、市场垄断问题、收入分配问题、社会秩序问题等，都已成为世界各国的共识。比如对个人隐私的保护，世界各国的行政和司法部门都在行动：2018年欧盟有《通用数据保护法》，2000年美国加州有《消费者隐私保护法》，目前我们全国人大正在制定《个人信息保护法》，就是对个人隐私、个人信息的保护，全球的司法和行政体系都对此有足够的共识。但是非常遗憾，面对这种复杂和强大的技术力量，仅靠行政和司法的力量是远远不够的。我们一边在讲要保护个人信息、个人隐私；与此同时，大的平台企业搜集到的个人用户信息却几乎是呈指数化增长，因此仅依靠行政监管、法律强力监管和技术力量的抗衡还远远不够。

所以，我们确实需要社会各方共同致力于确保技术的发展符合人类共同的利益，使这种广泛渗透的技术不要对社会秩序造成更为严重的干扰。在这个过程中，人文学科一直在发挥着非常重要的作用。我们所塑造的人类共同价值观，成为数字治理各相关方面思考和行动的共同准则。

我们在数字治理领域发挥作用的有哪些是人类价值观的准则呢？比如以人为本、人人平等、友爱相助、包容和谐、诚实守信、权责共生。它们看上去都很原则，听上去像是喊口号，但在实际治理中发挥着无处不在的重要作用。

举几个例子。首先，约束企业的行为。现在企业可以做很多很多挑战我们价值观的事情，其中绝大部分虽然没有被现行法律和行政法规所约束，但是也没有发生严重的后果，就是这些价值观在起作用。国内外曾经有过一款非常流行的招聘软件，当有一位新的应聘者来应聘时，这个软件可以通过数据挖掘告诉招聘者很多应聘人员的个人信息，包括隐私，比如可以判断这位应聘者是否怀孕或准备怀孕，因为软件可以看到她在互联网上查询什么奶粉好、哪里产

科比较好、如何科学备孕等信息，所以被 HR 拒绝后，应聘者本人可能不知道原因。类似这样的软件引起了社会公众极大的不安和疑问，也给这类企业带来了很大的警示。现在几乎所有大企业都会向公众明示，在我的算法中间，类似于宗教、肤色、种族、性别、职级以及收入等个人信息是不被列入算法之中的，我们不会得出挑战人类价值观歧视性的算法的结果，这就是对它的约束。

还可以约束什么呢？还可以约束科学共同体，科学家团体的力量，使他们可以自己来管控技术的负面影响。现在很多技术的门槛很低，比如基因编辑，完全可以做很多事情，但是我们科学家共同体根据每个时代的科学伦理、科学道德、人类的价值观，判断它是否符合人类的伦理，如果不符合我们的道德，就不可以做。如果有人敢去挑战这些底线，那么它在这个领域就不可能再安身立命了，比如基因编辑婴儿的案例。

人类价值观还可以使那些竞争者相互合作，共同应对技术带来的负面作用。2021 年 2 月，多家具有影响力的科技和媒体公司结为伙伴，成立一项联合开发建立基金会项目"内容来源和真实性联盟"(C2PA)，制订媒体内容来源与历史或出处认证技术标准，解决虚假信息、错误信息和在线内容欺诈的扩散问题。如果这个联盟可以落地，将会对互联网上的虚假信息带来很大的约束，在很大程度上可以解决恶性故意所为的虚假信息的问题。

总之，数字技术的发展给我们带来了极大的福利，也带来了很多的挑战。全球的治理合作一直在推进，我们要促进科技向善，需要政府、企业、社会组织、公民的共同努力，当然全球政府间的合作仍然是非常重要、非常基本的，我们应该把它积极地向前推进。我们人文社会科学应该作出非常重要的贡献，在众声喧哗之中，通过我们的理性思考，通过我们的价值判断，我们要促进社会共同行动，发挥数字技术的正面作用，并且减少它的负面影响。当然我们人文学科也要与时俱进，要回应时代提出的新问题，不要抱住那些传统的、一成不变的教条不放。现在我们谈谈数字治理的三层含义。

第一，我们要利用数字技术改善我们的治理。我们讲的数字政务、智慧城市都是用数据来治理。

第二，我们要对数据进行治理，比如隐私问题、垄断问题，都是我们要对数字技术的负面作用进行治理。

第三，数字社会的治理，与农业社会、工业社会、信息社会的治理是等齐的、连续的概念，是一个基本的社会形态。在这个时代中，我们应该有符合时代的新的理念、新的价值观出现。这个时候，隐私、个人信息、数据已经是社会架构中最基本的元素了。我们应该有新的理念、新的价值观产生，所以我们讨论数字时代治理的时候，人文学科一定要走上前台，站在中央，响亮地出声，引导社会共同塑造符合数字时代的理念思想和价值观。这是我们的责任。

来源：清华大学 2021 大学·思想论坛

李稻葵[1]： # 从中国经济实践到中国经济思想

我是研究经济学的，所以今天有人可能会说："李老师是不是给我们讲股票、房地产、宏观形势？"清华110周年校庆，我们要谈点大事，包括国家大事、世界大事，我们也谈谈经济思想。

我们首先看一个基本的事实。过去40多年，中国经济的快速成长堪称人类经济史上的奇迹，这张图是我们团队花了十几年时间一点点从历史数据中抠出来的。上面那根实线是我们的贡献：我们发现从1600年以来，中国经济在全球中的相对地位是不断下降的，从最高点的接近35%，降到改革开放之初的不足5%，所以我们过去经历的40多年，也是500多年以来第一次逆转了我们的民族在世界的相对地位下降的趋势。同时，我们还分析出世界历史上、经济史上有若干个非常重要的40年，其中包括英国工业革命后的40年，美国内战后的40年等。在这几个重要的40年中间，中国是最突出的，我们经过40年的努力，GDP占全球的比重上升了15个百分点。这在世界经济历史上也是绝无仅有的。

---

[1] 李稻葵：清华大学社会科学学院教授，清华大学中国经济思想与实践研究院院长，苏世民书院创始院长。现任第十三届全国政协常委、经济委员会委员，中国世界经济学会副会长，中德经济顾问委员会顾问委员。

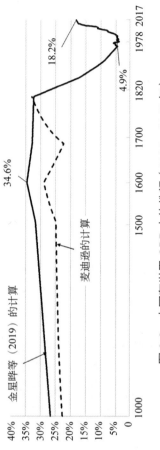

图 2-2 中国在世界 GDP 中的份额（1000—2017 年）

资料来源：金星晔，管汉晖，李稻葵，等．中国在世界经济中相对地位的演变（公元 1000—2017 年）—对麦迪逊估算的修正 [J]. 经济研究，2019（7）: 14-29.

第二章
人文·思想撷英篇

于是，我们会提出另一个问题，创造了人类经济发展奇迹的中国，能不能在经济思想领域作出自己的贡献呢？同学们，你们也许会说这个问题是学者提的问题，我们不关心什么思想不思想。但你们要知道，如果我们经济思想没有突破的话，我们会碰到非常严重的问题，其实这个问题已经发生了。我们知道关键技术领域不突破，会被人"卡脖子"；我们经济思想不突破，就好像一个学生成绩不断提高，但是却讲不清自己是怎么提高的，于是总被怀疑是不是考试作弊了。所以为了得到全球的尊重，为了在经济贸易领域谈判中间不被人家"卡脑袋"，经济思想领域必须要作出我们的贡献。因此，今天的中国学者不仅要解决"卡脖子"问题，还要解决"卡脑袋"问题。怎么才能奉献中国的经济思想呢？毫无疑问，必须要认真总结中国的经济实践。我们不妨回溯一下历史。

我们看到人类重大的经济思想的创新都是根植于伟大的经济实践。比如，工业革命时期的亚当·斯密被认为是经济学的开山鼻祖，原始的资本主义不断发生的经济周期产生了马克思主义政治经济学，后来的经济危机产生的凯恩斯经济思想，市场自我调节等的繁荣产生了奥地利学派。所以我们说，经济思想根植于伟大的经济实践。反过来这句话不一定成立，比如日本、德国经济曾经飞速发展，但是从日本、德国产生了伟大的经济思想吗？坦率地讲，我们经济学公认的应该说没有，这里差什么？差的是相关国家和地区的学者必须要系统性、长期地、有意识地总结我们的经济实践。这就是学者的担当。

清华人文思想者

清华大学走过了110年的历程，我们非常骄傲地告诉大家，中国现代社会科学发源于清华大学，我列出了三位老前辈的照片，这是激励我们前进的榜样。今天作为清华大学的社会科学、经济学的学者，我们有责任将中国的经济实践上升为经济思想。

图2-3 陈岱孙（1900—1997）　　图2-4 费孝通（1910—2005）

图2-5 萧公权（1897—1981）

第二章
人文·思想掇英篇

中国的经济实践怎样才能产生出让世界信服的、能够被接受的经济思想呢？我认为，需要抓住最具有中国特色的经济现象，从中提炼出具有普遍意义的经济学新知。所以有两个关键词，一个是新知，你不能重复别人的思想、别人的知识；第二必须要从特殊性升华到普遍性。过去几年以来，我和清华的同事们不断努力，在全世界范围内不断跟同行们讨论请教。在我们看来，从中国经济实践总结升华到经济思想最好的领域就是政府与市场经济学，这是我们清华团队过去几年以来一直致力于打造的一个经济学的新分支。

什么是政府与市场经济学呢？这里我要稍微解释一下。经济学领域往往有两个极端，比如芝加哥学派、奥地利学派，他们认为市场是完美的，政府是有缺陷的，他们称之为政府失灵。另一派，比如凯恩斯学派，他们认为市场是失灵的，但是政府能够发挥很好的作用。这两种视角都把政府与市场对立起来了。而中国的实践告诉我们，我们的各级政府不断地在培育市场，在匡正市场，政府的激励与市场的激励是同向的，这背后就是一系列政府本身激励的问题。这就是我们想打造的经济学新的分支——政府与市场经济学的研究出发点。

政府与市场经济学有三条基本的原则，与已有的经济学分支不一样：第一，政府已经是现代市场经济的重要参与者；第二，政府的行为与作用是现代市场经济成败的关键；第三，激励政府培育并匡正市场的机制至关重要。为此，清华团队在过去的三四年里，在学校和社会各界的关怀支持下，我们干了三件大事。

第一，我们成立了清华大学中国经济思想与实践研究院（ACCEPT），就是希望世界能够接受来自于清华、来自于中国的经济理论、经济思想。第二，我们在国际上注册成立了国际政府与市场经济学学会（SAGE），我和我的博士论文导师、2007年诺贝尔经济学奖获得者埃里克·马斯金联合担任创始会长。第三，我们过去花了两年时间，创办了一本国际学术期刊，叫作《政府与市场经济学研究》。这本杂志在清华大学110周年华诞之际正式出刊了第一期，给校庆献上了一份我们的礼物。

最后，我想呼吁年轻的学子们，咱们一起努力，要经过几代人的努力把中国的经济实践升华为经济思想。这样才能让全世界的学者、学子们更好地理解和接受中华民族的伟大复兴，同时也为世界经济繁荣贡献我们中华民族的宝贵智慧。

来源： 清华大学 2021 大学·思想论坛

李 强[1]：社会学与我国现代化建设

我想从以下三个方面，来解释社会学和现代化建设的关系。

第一，当年社会学这门学科的产生，就是为了应对现代化、工业化、城市化所带来的诸多社会问题。社会学这门学科发端于19世纪30年代前后的欧洲社会科学界。国际社会学界公认的社会学三大奠基人——卡尔·马克思、马克斯·韦伯、埃米尔·涂尔干以及数百位社会学家，他们当时面临的是以英国、法国、德国为主要代表的欧洲社会要从传统社会向现代社会的转型，碰到了诸多社会矛盾、社会冲突、社会失衡、社会解组等问题。他们在应对社会现代化转型的问题上提出了很多思想和解决方案。

欧洲当年的现代化总共不过是4亿人口，还曾经引发了两次世界大战。而中国今天的现代化，则是探索超过14亿人口、人类有史以来一国之内最大规模的产业化、城市化，这样的人口巨型社会的现代化并没有现成的方案。社会学有一个重要概念叫"本土化"。我们知道，社会科学的三大支柱分别是政治学、经济学和社会学，经济学因为

---

[1] 李强：清华大学文科资深教授、社会科学学院教授，"新清河实验"发起人，曾担任中国社会学会会长，兼任中央网信办专家咨询委员会委员、教育部社会科学委员会委员等。

要研究怎样做经济交换、经济交易、国际贸易、市场交换，所以必然要从其他国家的经济中学习很多经济模式，也要从其他发达经济体上吸收很多经济模式。而社会学所研究的社会生活，对于每个国家都有很多本土化的东西，因为每一个国家的社会结构、社区结构、社会历史、文化传承、生活方式、社会认同、社会价值观等都具有很强的国民特色，完全引进是不可能的。所以中国的社会学家正在尝试创造自己的、具有中国特色的现代化生活。这也就是清华大学社会学要做的事情。在这方面，清华大学社会学系也正在创建社会学的"清华学派"，将为我国现代化进程中的社会建设、社会治理、和谐社会提供新思想、新理论。

第二，深入社会调查研究与社会学新思想的提出。

我们怎样创造新思想呢？社会学在所有的社会科学中是最重视社会调查的，社会学是实证科学，任何新思想的提出要经得起社会实践的验证。但是在中国做调查，难度非常大。第一，中国是人口巨型社会，有超过14亿的人口，我们能做覆盖14亿人的普查吗？国家统计局每隔十年才能够做一次人口普查，而且要动员全国省、市、县、乡、街道、社区、小区、村民组、居民组，所花的成本难以计量。作为个体的学者，当然无法做普查。我们组织很多的研究者、学生组成调查队伍，也只能做抽样调查。抽样调查能够反映人口整体吗？只有严格的抽样方法，比如等比率、等概率入户抽样调查，才是可以反映全国整体情况的。而且由于经费所限，我们通常只能抽取较小的样本，比如，我们大概抽3000个到9000个样本，只要严格遵循抽样方法，就

可以解释全国的调查情况了。大家可能会很惊讶，会认为这怎么可能呢？但是，只要我们抽样时严格遵循抽样方法，包括入户以后也要严格抽样，称之为"户内抽样"，还是可以反映全国人口情况的。三十多年来，我本人组织过多次全国规模的等比例、等概率城乡居民家庭入户抽样调查。当然，有两个地方我从来不敢抽样，一个是西藏，一个是新疆，因为如果抽中那里的任何一户人家，调查员就必须得爬到西藏的高山上，找到那个村庄和那个居民家庭，这是我们目前做不到的。可见在中国做社会调查难度非常大。

此外，全国各地的差异很大，区域差异、城乡差异、经济社会发展差异，甚至有些地方我们连地方方言都听不懂。比如，20世纪80年代，我在温州做问卷调查，完全听不懂温州老百姓说的方言。改革开放四十多年来，中国社会巨变，每年数亿人口的流动，很多人住进新居，随着居住地不断变迁，使得耗费巨资获得的"抽样框"一两年就废掉了。所以，社会差异、社会巨变等对社会调查带来了巨大挑战。当然，近年来大数据的出现也为社会学的社会调查提供了新的途径。

总之，对于社会学来说，最重要的就是获得社会事实、尊重社会事实，我们是要把那些掩盖在社会事实下面的非常复杂的社会现象的外层逐步剥开，然后剖析社会事实。实事求是，说真话，这样才能够提出新思想。

第三，我要介绍一下"新清河实验"与社会治理创新。

社会学也使用"实验方法"，我们知道，物理学实验、化学实验是在实验室里面做的。而社会学的实验，虽然也不排除实验室,但真正的有重大价值的社会实验要在真实的社会场景里面去做。社会学者可以比较容易把控的实验通常是社区实验。我带领清华大学社会学团队,自2014年元月开始进行了"新清河实验",它有以下三大目的。第一,为清华大学的师生提供社会实验场所,培育学生,这也是我们作为清华教师一定要承担的责任。迄今为止,清华大学的研究生通过参加"新清河实验",完成的博士、硕士毕业论文已经有很多篇了,我的很多教学就是在清河实地完成的。第二,科学研究,刚才讲过了社会学的研究是建立在社会调查基础上的,严肃的社会学学者从来不说空话。"新清河实验"就提供了这样的研究基础。第三,为国家提供基层社会治理的决策服务,"新清河实验"本身就是我们与北京市、海淀区、清河街道的党政组织的合作。

什么是"新清河实验"呢?新清河实验具体内容很多,具体来说做了五方面的事情。第一,社区议事委员实验,也称作"社会管理体制实验",这是对于社区从改变组织结构角度做出的实验。第二,社区、小区空间改造实验,也称作社区规划空间实验,社区中有很多空间结构不合理的事情,通过这样的实验可以极大地便利居民的生活。第三,民生改善实验,目前主要集中在社区老龄服务的改善。第四,社会组织实验,我们组织成立了经海淀区民政机构正式批准的"社区提升中心"。第五,物业管理实验。

由于时间有限,下面就展示一些图片吧。清河地区离我们清华大学很近,我们的学生骑自行车十几分钟就到了,以往社会学系的研究生如果做村庄研究,至少在一个村庄

做一年，如果是在全国各地，则非常不方便。所以，清河实验为学生们创造一个实习基地，学生们做调研就会非常方便。

图 2-6　清河（清华大学北，面积约 10 平方公里，将近 20 万人口）

下面我用图片展示一下清河实验的两方面的内容，一个是社会管理体制创新实验，另一个是社区空间改造实验。

我们知道现今社会的很多社区缺乏活力，一个重要的原因就是居委会的基层人员不是本社区居民。我们常说居民自治，如果居委会的成员大多不是这里的居民那该怎么自治？为此，我们创立了一个制度叫"议事委员制度"，这个体制已经形成了规范的政策文件，每一个体制变革必须是合理合法的。图片展示了同学们向群众宣传，介绍我们的每一位议事委员。下面是投票时的场景照片。照片中的一些人是我们清华大学的学生，比如肖林同学，他本科是清华力学系的，后来他改行跟我读社会学博士，现在已经是一位重要的社会学家了，也是我们清河实验的骨干成员，照片中肖林、谈小燕等在给议事委员进行培训。新清河实验真正激发了老百姓的活力，大家可以看到那张俯瞰的照片，就是居民积极参与小区建设，将小木棍连成了漂亮的绿化地的围栏。这也是我们清华学生听取群众意见做出的实验成果。

图 2-7　基层管理体系创新实验：社区议事委员制度

第二章
人文·思想撷英篇

图 2-8　居民投票

图 2-9　议事委员讨论基层治理

图 2-10　居民和清华学生修建绿化围栏

清河一带过去是毛纺厂,但是毛纺厂迁走以后的老旧小区治理问题非常突出。为了对其进行改造,我们社会学系和建筑学院合作,建筑学院学生画图,社会学系学生作调查,最终形成了社区的改造方案。毛纺南社区的中心广场,现在已经成为居民活动的场所。阳光社区的三角地带原来是杂草丛生,后来经过实验规划,诞生了新的三角地带。毛纺北社区是老旧小区,是从过去的单位制社区转化而来的。在北京市政府支持下,清河实验与广大居民一起将社区改造成了一个非常精彩的崭新社区,得到了居民们的一致好评。

图 2-11 "新清河实验"参与的老旧小区空间改造

来源:清华大学 2021 大学·思想论坛

鲁晓波[1]： 艺术设计：为时代 为民生

设计无处不在，美化着我们的生活。但有时，人们也会过于简单地把"设计"当作外观的美化。那么设计究竟是什么？

从实践的层面来理解，"设计"是造物、做事的预先谋划。设计的历史，可以追溯到远古时期。设计可以被定义为人类塑造自身环境的能力。每一件人造物都是一件设计品。我们制作、使用它们，以满足物质与精神需要。

由此，在造与用的过程中，赋予生活意义，感知周围世界。所以说，设计又是一种物质文化创造活动。不同时代、不同地区、不同背景的人们，以独特、多样的方式开展设计、生产、工作、生活。它是人类文明、地区文化的映射，是思想观念、生活方式和价值判断以及审美趣味的载体。

就像《考工记》中说道的："天有时，地有气，材有美，工有巧，合以四者，然后可以为良。""天有时，地有气"，说的是对时间、地理自然规律的客观认识。"材有美"，讲究取用有道，又是一种审美观，要求工匠也就是古代设计师懂得发挥材料自身的特质与美感。"工有巧"中的"巧"字，

---

[1] 鲁晓波：时任清华大学美术学院院长、教授，清华大学米兰艺术设计学院院长，中国美术家协会副主席，兼任国务院学位委员会设计学科评议组召集人，作品曾获中国工业设计金奖和国际艺术与科学作品展最高奖等奖项。

指精巧，更指巧妙、巧思的设计，尤其突出了造物之中创造性才能与实践智慧。四者结合，方成"尚品"。比如说我们的明式家具、宋瓷，就是中国传统优秀造物智慧的典型范例，形态简约，充分展现材质特性，制造工艺精良。这正是我们东方的造物哲学，对自然——物——人三者和谐共生的系统性认识。在今天看来，这其中也蕴含着一种可持续发展观。

从学科的层面来认识设计，"设计"还是一门年轻的学问。百年间，设计的定义数次更新；社会转型、科技变革、新模式、新业态的出现不断丰富、改变着设计的内涵与外延，设计风格范式也在不断变化。这源于设计与现实生活的紧密联系，它是时代发展的快速回应。设计的根本任务是解决问题。因此，如何准确地发现问题、定义问题、破解问题，艺科融合、随物赋形、以人为本，是设计思维的关键，也是设计学科跨专业、综合性的特征所在。

所以，中国设计的提升，应面向新时代的高质量发展需要，从制造到创造，从装配到设计，服务民生，自主创新。以润物无声的方式传播时代审美，确立审美范式，让人民的幸福美好生活不仅有高品质，还有雅意趣。传承中华文化，呈现民族风范，助力塑造国家形象，刻画新时代精神。在2019年国庆70周年庆典期间，清华大学美术学院师生承担了庆典广场的红飘带、游行彩车的设计，以及参与了国家勋章的设计等一系列重要国家形象的设计，体现了学院师生社会责任的担当。

图2-12 国庆70周年庆典广场的红飘带

进一步重要的是，我们如何基于中国立场与智慧，为世界问题提出解决方案。设计关乎造物，但设计更关心"人"。通过设计，增进民族之间的和谐，加强人与人之间的关怀；创造人与物、人与社会的新型关系。总而言之，也就是"人类命运共同体"的构建。

从价值的层面反思，设计之中始终蕴含着伦理与责任。我们看到，在这个大批量生产的年代，当所有的东西都必须被设计的时候，设计就逐渐成为一种有力的手段。它塑造了日常生活、构建了社会关系，甚至定义了我们自身。环境保护问题、地区资源分配不均问题、在极端条件（比如缺水）下的生活问题、老龄化的问题和面对突飞猛进科技带来的挑战等，都是我们设计学科所应该面对的，如何将先进的科学技术或者有效的应对措施以适用、美观、经济的解决方案，应用到现实生活中呢？

这就给"设计"提出了双重挑战：第一，设计需要充分考虑利益公平、价值引领。不同的价值观决定了对问题的不同认识，引导着概念形成、设计的追求与行动。所以，理想与信仰是设计贡献社会的基础与方式。第二，设计的本质，要求它具有前瞻性、应变性、整合性与引领性。如何平衡自然与人工、传统与现代、全球与本土；更合理地运用人工智能；凝聚科学精神、人文关爱与艺术情怀，赋能创新发展。我们将看到，那些正在我们身边开展的设计项目，是一个更大的可持续系统的有机部分，也是一个社会创新、社会治理的实验成果。

面向新时代、新技术、新挑战，设计要应对，还将主动求变和引领，在设计解决方案中，创造价值。为国家谋发展，为人民谋幸福。

来源：清华大学 2021 大学·思想论坛

汪晖[1]：二十世纪中国的历史位置

20世纪已然过去。我们应如何理解20世纪中国的历史遗产及其在世界历史中的地位？

引言："时势意识"和"世纪"概念

1900年是庚子年，也是光绪二十六年。这一年的1月30日午夜，流亡在夏威夷的梁启超感慨万千，写下《二十世纪太平洋歌》："蓦然忽想今夕何夕地何地，乃是新旧二世纪之界线，东西两半球之中央"。

这首长诗具有极强的象征意味。他把两个重要的新概念放在一起，一是表示时间的20世纪，二是表示空间的太平洋。探讨20世纪中国的历史位置，需要放在这种新的时空条件下来看。

首先看时间。梁启超是最早使用世纪概念来表达历史分期、判断中国所处的历史位置的人物。他没有采用传统的纪年方式。格里历诞生于1582年，起初是西班牙海外天主教属地使用，英国于1752年、日本于1873年、中国于1912年、俄国于1918年先后开始使用。对梁启超而言，世

---

[1] 汪晖：清华大学文科资深教授、人文学院教授。他的著作曾被翻译成20多种语言出版，产生重要的国际影响。2013年，与著名哲学家哈贝马斯同获卢卡·帕西奥利奖，2017年，再获安内莉泽·迈尔研究奖。

纪不只是一种纪年方式，同时也是对历史时势的认知和界定。在20世纪之前，中国并没有19世纪、18世纪等历史概念。"世纪"概念的提出缘于时势问题，时间变化了，条件变化了，原来的变革路径无以为继，需要根据新的局势探索中国的变革道路。

再来看空间。梁启超在长诗里已经开始用"民族帝国主义"这个词。随着19世纪末期美国崛起，20世纪也被称为"美国世纪"。全球资本主义重心开始从大西洋向太平洋转移，在这一广袤空间除了19世纪的旧帝国，又崛起了两个新的政治经济体，或用杨度的话说是"经济战争国"，即美国与日本。世界局势由此巨变，20世纪中国及其命运与这一巨变息息相关。

20世纪是中国历史上第一个以世纪界定自身的时代。在中国和东亚地区的情境中，谈论20世纪与过去一切时代的区别，并不只是在纵向的时间轴线上展开的叙述，更是在横向的、整个世界关系的总体变化中产生的判断。因此，对于世纪概念的挪用源自于一种时势判断，一种对于新的时空框架、新的时势观的需求。

超越十九世纪对历史叙述的笼罩

要理解20世纪，需要超越19世纪中心主义的历史观念。现代世界史的叙述大多以欧洲19世纪为中轴。无论是古典时代、中世纪、早期现代，还是20世纪或后现代，都是按照19世纪的史观和问题意识重构的。在许多历史和理

论的论述中，19 世纪与现代性概念几乎完全重叠。

19 世纪中心主义的叙述，以英法双元革命为枢纽，以资本主义的现代性叙事为基础。在这种叙述里面，欧洲的革命、资本、帝国及其消长起伏构成了中心故事，世界其他地区的变迁完全从属于这一中心故事，从而世界历史也是一个以 19 世纪为中心构筑起来的历史。比如，法国大革命和英国革命提供了政治和经济范式，加上科学技术和文化领域的变化，构成了整个历史叙述的轴心，甚至我们对古典政治思想的解释，例如对柏拉图、亚里士多德的理解，也是在 19 世纪重新建构的。霍布斯鲍姆的 19 世纪三部曲（1789—1914）是经典的、以欧洲 19 世纪为中心构筑的世界历史，贝利的《现代世界的诞生》、奥斯特海默的《世界的演变：十九世纪史》将边缘地区的历史纳入 19 世纪的叙述范围。在经典的叙述中，19 世纪是漫长的革命年代，而 20 世纪却是短促的"极端的年代"：一战、二战、种族清洗、冷战、暴政等，所有的实验均以失败告终。霍布斯鲍姆曾感叹道：20 世纪与一个国家的命运相伴始终，这个国家就是苏联，这也构筑了欧洲中心论或者西方中心论全球史叙述的重心。

要真正理解 20 世纪，就需要超越欧洲中心的世界史观。随着世界资本主义中心的转移，20 世纪的诞生也伴随着一系列边缘地区的革命。真正构成这一新时期的新颖性的，不只有资本主义从中心区域蔓延至全球的发展主义故事，还有为了在边缘地区发展资本主义而持续展开的对于帝国主义霸权的抵抗，以及在这一抵抗进程中产生的对新的社会形式的探索。20世纪的中国就是在这一脉络下诞生的。正由于此，20世纪很可能并不像霍布斯鲍姆所说的那样仅仅与一个国家相伴始终，而是与边缘区域的革命及其序列性后果相关联。对于21世纪全球格局的理解不可能离开这一漫长而复杂的进程。

20世纪与边缘地区的革命

20世纪诞生于两个相克相生的历史趋势和条件。

一是资本主义体系发生了重心转移。正像梁启超预见的那样，20世纪标志着世界历史的中心从大西洋转移到了太平洋。以1899年美西战争为标志，旧的欧洲霸权及其殖民主义形态逐渐式微，美国在太平洋地区开始成为新霸主，并相继与俄国、日本展开竞争。20世纪帝国主义标志着全球被瓜分完毕。

二是非西方地区对帝国主义时代的反抗运动。19世纪的双元革命发生在资本主义中心地带，而20世纪革命是边缘地区的革命，其中以"亚洲的觉醒"为标志的一系列重大事件标志着20世纪的诞生：1905年俄国革命、1905—1911年伊朗革命、1908—1909年土耳其革命、1911年辛亥革命、1917年十月革命、1924年第二次中国革命——这一革命序列是20世纪诞生的界标，其后续发展重构了整个世界。第二次俄国革命当然是由欧洲战争直接触发的，但同时也可以从亚洲革命的序列中加以探讨。这一序列挪用了大量19世纪的概念、命题和任务，但通过革命性实践，大

规模地修改了这些概念、命题和任务的内涵。从地缘政治关系的角度说，20世纪不仅是一个后殖民 (post-colonial) 时代，而且也是后中心 (post-metropolitan) 时代，即边缘地区的革命和改革不仅改变了自身，也改变了世界的中心-边缘关系，进而对中心地带及其变迁产生重要影响。

社会变革的进程定义了20世纪的中国

《中华人民共和国宪法》序言里说："20世纪，中国发生了翻天覆地的伟大历史变革。"只有从中国历史脉络和世界历史巨变的双重视角才能把握20世纪中国的位置。20世纪中国的革命和改革是在帝国主义的世界局势中展开的，它既需要完成19世纪的现代化任务，又要探寻一种新的世界秩序，即一种可以超越资本主义/帝国主义的现代化任务的道路。社会主义国家的实践同时包含了上述两方面，从而其实验包含了自我否定性。因此，对于20世纪中国的历史理解，不能完全按照历史资本主义的脉络进行叙述，而需要同时或者更加关注这一时代为克服帝国主义时代的内在矛盾而产生的能动力量。

在中国的历史脉络中，20世纪的诞生是一个重大事件，而不是19世纪的自然延伸。在20世纪诞生之前，中国并无19世纪的概念和意识。在剧烈的革命和变革之中，20世纪的历史观念也从根本上改造了我们对于之前历史的理解：不仅重构了中国自己的历史，也把其他地区纳入我们的历史和政治思考中。这一时代在国家及其社会形式、生产与流通方式、科学与技术、文化与教育等领域发生的变革影响深远,断裂与延续的辩证存在于社会生活的各个方面。世纪的诞生标志着中国历史中全球共时性的诞生,以及为改造这一共时关系内部的不均衡性而展开的斗争和探索。

尾声

伴随苏东体系的解体,不同形式的历史终结论开始流行。但 20 世纪结束了吗? 20 世纪的革命与变革的若干形式结束了,但 20 世纪同时内在于我们的时代。我称之为世纪的绵延。断裂与绵延的辩证法集中体现在通常所称的 20 世纪中国的开端与结束:在 20 世纪诞生的时刻,革命、宪政改革和帝国的崩溃是世界性的现象,但如何解释中国革命进程中王朝中国与现代国家在人口、地域和某些制度框架上的断裂与连续性?在 20 世纪落幕的时刻,如何解释中国与苏东社会主义国家的不同命运,或者说,如何解释革命与后革命之间的断裂与连续?世纪绵延的最醒目的标志是中国以及中国对于连续性的持续创造。这一问题事关我们对当代中国及其历史位置的探索,我留给大家一同思考。

来源: 清华大学 2021 大学·思想论坛

周光权[1]： 法治的民本思想

我是一名刑法学教授，但我参与了民法典的制定。我很热爱我所参与的立法工作，作为一名教师，能参与国家的立法活动，何其有幸！在这里，我要结合我参与的立法和研究，和大家分享一下法治的民本思想。

我们都知道，法治是为解决社会的难题而产生的。但是它必须为创造人民的美好生活服务，所以法治不是工具，而是目的。法治的基本目标是要实现公平和正义，要维护社会的稳定，那就必须回应人民的呼声和需求。

接下来，我主要从立法、司法、法学研究三个维度谈一谈法治怎么实现以人为本、以人民为中心的。

在立法方面，立法者充分关注民众的呼吁。第一是关注不同的群体在不同的时代所提出的不同的利益诉求。在现代信息社会，尤其是自媒体社会，在每个人都可以成为发言者的时代，立法者肩负的平衡各种利益诉求的任务特别重。这种诉求和新技术结合起来以后，问题就特别突出。我参与了民法典的制定，在民法典制定的过程当中，在互联网技术得到广泛应用的当下，在我们每个人揣着一部手

---

[1] 周光权：清华大学法学院教授，全国人大宪法与法律委员会副主任委员，第十三届全国人大宪法和法律委员会副主任委员，兼任最高人民检察院专家咨询委员、最高人民法院特邀咨询员、教育部特邀督导员。

机就可以畅通无阻地走遍整个国家的情况下，怎么维护个人信息和隐私？立法者下了特别多的功夫，民法典的规定细到什么程度呢？禁止在宾馆或者其他场所用偷窥的方式侵犯他人的隐私，我觉得已经细致得不能再细致了。

在我参与立法的过程中，我也深切地感受到，立法者鼓励创新，同时它也试图让民众理解：我们在享受现代社会这些便利时，自身的某些权利也要作出一些让步，所以立法者也试图在互联网企业和民众的利益之间作出平衡。但是始终要守住的一条底线是：民众的基本权利不可动摇，所以防范个人信息被侵害正是立法者面临的重大课题，目前正在起草的《个人信息保护法》在这方面也会下很多的功夫。

第二，立法必须关注民生的痛点问题。在座的很多人应该都看过一部电影叫《我不是药神》，这个电影反映的是饱受病痛折磨的人们遭受的那些痛苦，电影反映出的法律合理边际问题都需要立法者积极地回应。去年和前年先后修改的《药品管理法》《刑法修正案（十一）》都对这个问题作出了积极的回应，都把药品疗效真实但是未经我国政府批准进口的药品不再作为假药对待。但是这不等于不进行管制，只是说管制的方式更加科学合理。我这样讲不是说一部电影推动了一部立法，而是立法者非常接地气，非常贴近生活、贴近民生。

第三，立法者在立法过程中必须要"留白"，这犹如中国山水画。立法不可能穷尽所有事实，必须给司法机关适用法律留有回旋的余地。在民法典的制定过程中，有两点给我印象特别深刻：第一，网约车的监管和它发生侵权以后

的责任怎么处理，民法典目前没有直接的规定。第二，自动驾驶汽车带来的一系列侵权问题法律怎么处理，民法典目前也没有明确的规定。这方面的业务发展中国始终走在世界的前列，我们确实也需要探索，所以把这些问题留给以后进一步研究和探索，有的问题则留给司法机关在具体的活动中具体地研究和把握。

前面讲的是立法，接下来我要讲司法。司法活动要根据立法进行，但立法是留白的艺术，是一项遗憾的艺术，所以一定会给司法留有一定的空间。这就要求司法必须要敢于担当，正确地理解和适用法律，关注民生，关注中国社会现实中出现的问题，并巧妙地化解。这方面我觉得中国的法院有一些智慧，比如说防范冤假错案（这也是我近年来一直呼吁的），做了很多的工作。当然我也需要借这个场合进一步呼吁，我们纠正冤假错案的力度还需要进一步加大，希望司法机关进一步研究，尤其民营企业家之间发生内部纠纷，一方借助司法力量把另外一方送到监狱这样的问题，司法机关更要高度关注，因为这样的问题跟民生紧密关联。

对于正当防卫尺度的把握，司法机关近年来敢于担当，正确地宣判了一些正当防卫的案子，树立了社会的正气。我们一定要知道，现在被宣判为正当防卫的案子，换在两三年前是非常难的，可能都作为犯罪处理了，现在宣判为正当防卫以后，树立了社会的正气，社会主义核心价值观得到了弘扬，所以我们的司法在回应民生的这些方面就做得很好。

最后一点，立法和司法之所以能够以民为本、关注民生，当然是体制内正能量的担当，同时跟法学理论提供的支撑紧密关联。法学不是书斋里的学问，法学家要食人间烟火，不立足于中国社会实践的法学理论都是可疑的。

在这方面，我觉得清华法学院的团队，近年来在关注中国的社会实务以解决中国的实际问题方面做了很多努力，有很多值得赞许的地方。比如我所在的刑法学科团队，就应最高人民法院、最高人民检察院的邀请参加过很多涉及正当防卫罪与非罪的案件的论证，我们也参与过很多相关司法解释的论证，我们还积极推动司法解释的合理化，这样的一些过程使我们体会到法治在当代中国是可以期许的。

太阳每天都是新的，中国的法治每天都在进步。谢谢大家！

来源： 清华大学2021大学·思想论坛

钱颖一[1]：大学学生培养中的七个现象和七个权衡

图 2-13 钱颖一在座谈会上

感谢清华大学教育研究院、清华大学经管学院、中信出版集团联合举办这个座谈会，也感谢刚才各位领导的致辞。

《大学的改革》由中信出版集团出版，由吴素萍总负责，2016 年出版了第一、第二卷，2020 年出版了第三卷，

---

[1] 钱颖一：清华大学文科资深教授，经济管理学院教授，曾任经济管理学院院长。孙冶方经济科学奖获得者，著名经济学家。

2021年出版了第四、第五卷。我于1977年12月参加高考，1978年3月入学清华，是清华本科1977级学生，至今已有44年。今年正值清华大学110年校庆，《大学的改革》已出齐五卷，以此表达我对母校清华的致意。

这个致意有特别的内涵。虽然清华是我学术生涯的起点，我也是首批清华文科资深教授中唯一的清华毕业生，不过我在此前的学术成果大多与清华没有直接关联，但这套书不同。具体地说，这套书是2001—2018年这17年中我在清华担任教师、院长期间的文章和讲话；它们几乎都是在校园中的伟伦楼和舜德楼内讲的；而且所有内容都是对清华学生、教师、校友，对学院和学校讲的，即所谓of Tsinghua, at Tsinghua, for Tsinghua。全书共五卷一共有397篇，内容都是讲话实录，不是事后回忆或评论。在退任院长后的这三年中，我花了不少时间整理第三、第四和第五卷，至此五卷已经全部出版。

这套书有两个独特之处：一是将经济学的视角、方法以及中国经济改革、企业改革的经验运用于中国大学教育改革。吴敬琏先生一直鼓励、启发我在这方面努力。二是作为大学基层单位教育实践者和改革者去思考和行动。老院长朱镕基、清华大学历任领导对我的工作极为支持。希望这两个特点能给研究大学改革带来新意。

这套书中讲大学的改革，主要围绕两项内容：一是实践现代教育理念，涵盖现代教育的目的、内容、方法和手段，这是关于大学的教育和教学。二是建立现代大学制度，包括政校关系、治理结构、管理方法等，这是关于大学的治

理和管理。今天我聚焦前者,着重探讨大学学生培养这个问题。

大学学生培养的问题贯穿在整个五卷之中,我想从最新出版的第四、第五卷说起。这两卷分别是我参加"与院长共品下午茶"活动时与本科生、研究生的对话与交流合集。在2006—2018年担任经管学院院长的12年间,我一共参加了106场"下午茶"活动,其中本科生40场、研究生66场,这两卷共收入86篇。我尤其记忆深刻的是2012年5月7日那场"下午茶"活动,在座的杨斌老师、白重恩老师、钟笑寒老师三位也都参加了。

我参加"下午茶"活动时的本科生以"90后"为主,研究生以"80后"为主。本科生中既有经管学院学生,也有来自非经管学院的清华理科、工科和其他文科院系的经济学和管理学第二学位的学生。研究生中有博士,也有学术型硕士,还有专业硕士,也有高管教育。学生中有国际学生,"下午茶"也有英文场的活动。

七个普遍现象

"下午茶"是一个场合,让我通过与学生的交流与对话直接了解到学生的真实想法,并追踪这些想法的演变过程。虽说有关大学的文章和讲话很常见,但是这类与学生的对话记录就比较少见了。下面我从第四、第五卷中抽选出我从清华学生中观察到的七个普遍现象,作为讨论大学学生培养问题的经验出发点。

现象一是忙、茫、盲(忙碌的忙、茫然的茫、盲目的盲)。

清华学生生活的首要特征是忙碌,课程多、作业多、活动多,普遍反映比高中忙。忙碌之后是茫然,不知所措,不像在高中,一切都是安排好的。茫然之后是盲目,盲目地听辅导员的话,盲目地跟随学长学姐的脚步走,因为他们是过来人,又住在楼上,可信,可学。虽然忙碌和茫然是各国大学新生的共性,但是盲目则是我们清华新生的特色。

现象二是学分绩导向。学分绩一直是学生关注的重点问题,从未中断,而且越来越严重。学分绩(GPA)导向有其自身逻辑:各种评奖、推荐读研究生、找实习、找工作,都很难逃避学分绩,因为它可度量,可比较。在信任程度低的社会中,只有用这样的指标才是公平可信、操作成本最低的,如同高考总分、GDP一样。无论我们怎么努力矫正这种导向都效果甚微,令人感到无奈。

现象三是变相缩短学制。这表现在学生在大学前两年或硕士第一年选课非常多。这样本科用2.5~3年时间完成4年的学分要求,硕士在1年内完成2年的学分要求,留出时间或去实习或去工作,或去读第二学位或辅修。变相缩短学制的后果是学生总是处于仓促、匆忙的学习状态,根本谈不上从容,这与国外学生通过"间隔年"(gap year)变相延长学制的做法形成对比。

现象四是焦虑、纠结、内卷。内卷这个词近几年流行,虽然并没有出现在这套书中,但从我参加的"下午茶"中能感觉出学生的焦虑状态正在与日俱增。焦虑导致纠结,什么都不想失去,发展趋势直指内卷。所谓内卷,就是投入越来越多的时间和精力去做收益越来越小的事,比如刷

题、刷学分绩、刷实习。学生不得不"卷",是因为害怕失去更多。内卷挤掉了学生做更有意义事情的时间,带来巨大的机会成本。

现象五是大学如同高中。过去是说大一就是高四,现在是说大学如同高中,就是说大二以后也还是像高中。这反映了一个根本性的问题,就是学生不能完成从高中到大学的转变。这从学生自己对海外交换学习的反思中可以得到印证:去海外学习的意义,不在于学习到了更好的课程,而是有了独立思考的空间和时间,真正体验到了大学是如何不同于高中的。

现象六是做研究的困惑。好学生往往是学的多一些、早一些、深一些,他们会做题,会考试,但是不会做研究。海内外教师对我们学生较为普遍的评价是出色的"研究助理",但做独立研究却没有"入门"(clueless)。这一现象在社会科学领域尤其突出。即使是理工科,学生虽能发论文,但多是导师给题目,学生做实验,也非独立研究。

现象七是均值高、方差小。这是我对中国学生特点的一个概括性描述。我们的教育方式使得学生的基础知识训练扎实,整体水平较高,即所谓"均值高"。但是学生同质发展,冒尖学生少,正如顾明远先生所说,有高原无高峰,即所谓"方差小"。清华集中了全中国最有才能潜质(raw talent)的学生,但是他们中涌现的杰出人才少,创造性人才少,这不能不引起我们的忧虑。

以上是我在实际工作中观察到的七个普遍现象。这七个现象在第四、第五卷中反复出现,具有一般性,不仅是经管学院学生,清华的其他院系学生也是如此。

七个重要权衡

作为院长,观察只是改革的起点。教育改革者不仅要通过观察发现问题,还要去努力寻找解决问题的思路和办法,并且去落实。《大学的改革》这套书的主要内容就是有关在学院推动改革的实践经历。

《大学的改革》这套书,我把第一、第二、第三卷抽选出来,在对大学学生培养实践中发现了七个重要权衡。权衡(tradeoff)是经济学术语,意思是在一对关系中虽然两者都需要,但是存在得失互换:过度强调或重视一边,另一边则会被轻视甚至被忽视。在下面的每对关系中,现状是后者都被重视,而前者都被轻视。

权衡一是思维与知识。在大学当然要学知识,但在大学更重要的是培养思维能力。在我看来,教育学生会思考是大学与高中的根本区别。为此,大学要创造宽松环境,鼓励学生独立思考,培养学生的批判性思维,激发他们的创造性思维。杨斌老师在经管学院一直主导讲授"批判性思维与道德推理"(CTMR)课,就是学院的一项关键举措。不少经管学院毕业生都反映CTMR这门课对他们的影响很大。

权衡二是通识与专业。通识教育被高度重视,但是很难落实。这其中既有学生的现实考虑,也有教师的认知偏差。专业教育侧重知识的技术性和实用性,可以说是为找第一份工作做准备。通识教育则侧重知识的基础性和哲理性,是为了激发学生的思想，唤起学生的才智，开阔学生的视野，点亮学生的心灵，是为学生的一生作准备。我在2009年请彭刚老师为经管学院开设"西方文明"课，现在他在学校分管本科教学并推动通识教育，他很能体验到其中的困难程度。

权衡三是个性与从众。从众是追随和追求他人和社会的认同，这是需要的。但是完全从众就会导致学生同质化发展。经管学院提出通识教育与个性发展相结合的理念，引导学生的自我发展之路。白重恩老师曾经分管过学院教学，非常强调给学生留出选择空间，希望他们能够个性发展。但同时我们也发现，当选择多了以后，一些学生却选择从众，选择内卷。这说明个性发展真不容易。

权衡四是无用与有用。"知识就是力量"是因为知识有用。现在知识的有用性越来越多地被视作短期有用，比如对考试、推研、出国、实习或找第一份工作有用。短期有用当然重要，但是短期无用的知识可能是长期有用的知识，可能是对找第四份工作有用的知识，甚至是对一生有用的知识。"无用"知识的有用性很动听，但很难作为行动的依据。钟笑寒老师长期讲授本科生基础课程，现在还在经管学院分管教学，他对学生的"有用""无用"观念深有体会。

权衡五是好奇心与功利心。功利心是基于结果的动机，对结果的度量是"成绩""成功""成就"。功利心人皆有之，不可或缺。但是学习和探索还有另一种动机，就是人的好奇心的满足，是不在乎外在结果的动机。缺乏好奇心，特别是缺乏"智识好奇心"（intellectual curiosity），是人的创造力不能被激发的重要原因。人生来就有好奇心，但是它容易被后来的功利心所取代。朱邦芬老师多年主持负责物理系、理学院、学堂班的工作，对此有很多观察和论述。

权衡六是价值理性与工具理性。教育中的工具理性就是高效率地把学生培养成为对自己、对社会、对国家有用的人，而教育中的价值理性是追问人生价值，追求以人为目的的价值，并通过教育使得学生获得自由、快乐、幸福。工具理性是现代繁荣的基石。但是，如果只有工具理性，没有价值理性，不考虑现代繁荣带来的后果，教育的价值就会被质疑。石中英老师研究教育哲学，对此有过不少探讨。

权衡七是人与才。这是大学教育中的根本性问题。大学教育的使命是人才培养，而现实中普遍存在的问题是重视"才"而轻视"人"。大学不仅要培养学生成为有用之才，更要培养学生成为文明之人。育才的期望是多出杰出人物，而育人的核心是人的"三观"，即价值观、世界观、人生观。精致的利己主义者和精致的机会主义者都是有才的，不过他们的三观就有问题了。"育人"与前面讲的六个权衡中的前者都有关，也就是思维、通识、个性、无用、好奇心和价值理性。

教育的第三维

以上是我从《大学的改革》五卷中抽选出来的七个普遍现象以及对此回应的七个重要权衡。我没有用教育学理论，这些都是来自于经验之谈。不过我相信这七个现象和七个权衡都具有当代大学学生培养中的共性，既超越经管

学院,也超越清华大学。

那么这七个普遍现象和七个重要权衡中产生偏颇的根本原因是什么呢?我的判断是,七个普遍现象之所以有共同根源,可以追溯到市场和政府的评价体系及基于此的竞争,是市场和政府之外的教育评价的薄弱之处。而七个重要权衡中的偏颇也有共同本源,可以归结为"育才"压倒"育人",是市场和政府之外的教育愿景的缺失。

虽然教育不能脱离市场和政府,但是教育不是经济。教育不同于经济之处就在于市场和政府这两个维度之外的第三维,也就是教育内在的(intrinsic)评价和愿景这个维度。经济学对研究教育问题有帮助,但是教育逻辑与经济逻辑是不完全相同的。在我看来,这个教育的第三维就是教育逻辑不同于经济逻辑的根本所在。

《大学的改革》这套书记录了在一个历史时段中在清华尝试教育改革的一些想法和办法。我深感幸运的是能同在座的多位老师一起成为这个时段中大学教育改革的参与者、推动者。《大学的改革》的出版为这个过程留下了宝贵的历史印记。

再次感谢清华大学、清华教育研究院、清华经管学院、中信出版集团和各位老师对我坚持不懈的支持。谢谢大家。

来源:《大学的改革》(五卷本)出版座谈会主题发言

王宏剑[1]：在多元风格中保持一元追求

今天是个很好的学习机会。因为我是在一个相对封闭的环境里做自己的油画创作研究和教学工作，所以作为油画专业的老师，我仅从狭义的方面谈谈我对油画专业教学的一点看法。

图 2-14　王宏剑在会议现场

油画专业在清华已有 22 年历史，当时的第一届毕业生

---

[1] 王宏剑：清华大学美术学院教授，中国美术家协会理事，享受"国务院政府特殊津贴"专家，获国家人事部、中国文联授予的"全国中青年德艺双馨文艺工作者"荣誉称号。

现在已经40岁出头。他们现在是否还在坚持专业创作，是否已小有成就，是否在中国乃至国际美术界有所影响？我们需要调研一下，据此来反思22年来的教学所存在的问题。

美术学院的油画专业教师大概有三个研究方向：第一是原中央工艺美术学院装饰性绘画，第二是西方传统油画的中国化，另外就是实验探索性的当代绘画。本科生在短短的四年里如果三方面都兼顾的话，则不可能在任何一个方面达到最起码的高度。

油画作品应该是教学成果的最终体现，论文则是作品的副产品，因此不能本末倒置。一件好作品会产生场效应和穿透力，会通过时间的杠杆撬动现在和未来的空间。根据力学原则，它必须有一个不变的支点，那就是人类文化的传统和天地万物的共性。

所以，本科生首先应该以不变的传统基础训练为主，例如油画的素描、色彩、造型、人体解剖等。画家基本功的训练如同音乐演奏家一样。人在年轻的时候肌体有非常快速的反应能力，此能力有时不用通过大脑的支配就能达到目标。另外肌体还有记忆功能，这种功能会伴随一生。所以这个时候基本功训练尤为重要，如果缺失了这个时间段的训练，对画家来说将永远无法在技巧上达到更高的高度。

其次是哲学性训练。老子《道德经》中的哲学思想、王昌龄的诗论、刘勰的《文心雕龙》以及王国维的《人间词话》等，这些不变的艺术观支配着所有艺术的品位和境界。

再次是数学性训练。无论任何绘画的画面抽象布局和结构，都无法摆脱数字的支配。希腊毕达哥拉斯的黄金率、欧几里得的几何学、圆周率、北宋建筑营造法式中的数字比例、菲波那契数列，这些不变的因素不仅仅支配艺术，还支配着事物的发展。前者为战术训练，后者则为战略判断。本科四年学生在专业上不可能有太大的造就，但如果让他们拥有上述两者，学会自学，将来便会受益无穷。

另外，油画教学和创作面临四大节点的交织和重叠。从纵向来看，一个是中国传统，一个是西方传统；从横向来看，一个是中国当代，一个是西方当代。对我们来说，一定要建立中国风格的油画才可能进入世界美术史，但作品必须在表现技巧上向人类史上最伟大的作品看齐。不变与变是同时存在的，我们应选择需要的节点，如果以潮流为目的，潮流永远在变化，我们就会在变化的选择中失去自己最初的热爱和追求。我们应该以不变为支点，选择明确的方向，才能持久发展。老子的哲学思想"反者道之动"非常精妙，无所不在。不同的声音相互并置会产生音乐，不同的色彩相互并置会产生绘画，不同的空间与形体相互并置会产生建筑和雕塑，只有变与不变的并置才会撬动现在和未来。

对油画创作和教学来说，应该在多元风格中保持一元的追求，在开放空间里保持独立的研究，在多变的潮流下保持初心和终极判断。清华美院拥有全国最好的人文环境，如果有一个不变的终极艺术目标，容纳最好的教师，录取最优秀的学生，一定能够培养出最出色的艺术家，创造出名垂史册的作品。这些作品不仅具有中国传统文化精神，而且具有人类史上最高水平的绘画表现技巧，又同时把中

国诗词中的"物境、情境、意境"并置于作品之中，其抽象布局与支配天地万物的数字法则暗合，既表现当代，又传承历史，启示未来，并具有或接近司马迁所谓"究天人之际，通古今之变，立一家之言"的高度。

　　油画是物质化的文化艺术，而物质化的文化往往会弥补由于大自然的不可抗力与人为的社会潮流所中断的民族历史文化的精神裂痕。2006年我偶然得到刚刚出土的一件民间所藏东魏元象元年（公元538年）的墓志铭拓片，墓的主人姬静在正史上无任何记载。碑文为何人所撰、何人所书、何人所刻均无人知晓，但其文辞优美，书法更为精彩夺目，令人惊异。不出所料，2013年该墓志铭便被一家出版社出版成精美的书籍以载入史册。一件杰出的文化艺术品不靠任何力量、任何宣传，仅借助一块物质化的青石板便跨越了1400多年并撬动了当代的书法界和书法爱好者，说明当作品进入历史的时候，其当代性便会黯然退去，只会根据艺术水平的高低来评判作品的杰出与否。试问我们现在的作品能否弥补未来的民族历史文化裂痕，以撬动1400多年后的美术史呢？

来源： 第八届高等学校科学研究优秀成果奖（人文社会科学）暨北京市第十六届哲学社会科学优秀成果奖清华大学获奖教师座谈会

杨永恒[1]：公共管理学科博士生培养要"顶天立地"

清华大学校长邱勇于 2017 年 12 月 5 日在《光明日报》上发表文章《一流博士生教育体现一流大学人才培养的高度》，系统阐述了一流大学博士生教育应体现的高度。公共管理作为一门实践性很强并与国家的政治制度、行政体系和文化传统等密切相关的学科，其博士生培养方式必须"顶天立地"，既要立足国际学术前沿，又要扎根中国改革实践，培养熟悉国际学术话语体系、能够讲好中国故事的公共管理学术人才，为发展国际公共管理理论贡献中国智慧，为推进全球公共管理实践提供中国经验。

中国近四十年的改革开放历程，不仅创造了中国经济社会发展的奇迹，也积累了大量的公共管理实践探索经验，为我国公共管理的理论研究和人才培养提供了肥沃的土壤。博士生作为中国公共管理学科的后备力量和生力军，其培养方式必须立足国际学术前沿、根植于中国改革实践，培养一批具有国际视野的中国公共管理专门人才。这对于夯实中国公共管理学科的人才储备、提升公共管理学科的研究水平、加快构建中国特色公共管理学科体系、丰富和发展国际公共管理理论具有十分重要的意义。

1　杨永恒：清华大学公共管理学院教授，主要研究领域包括公共服务与管理、中长期战略与规划、文化战略与政策等。

厘清学科发展使命,坚定博士生学术志向

在过去几十年的发展中,中国公共管理实践已经走在了理论的前面,需要不断地总结和提炼,以形成中国特色的公共管理理论体系。

一方面,我国公共管理领域的独特创新实践如五年规划体系、社会主义市场经济体制、国家治理体系建设等,很多是西方理论难以解释却又十分关注的,亟须从理论层面予以梳理、总结和提升;另一方面,我国公共管理实践中面临的一系列突出问题和矛盾,迫切需要从机制、体制上加以理顺,也急需相关理论成果的支撑和指导。如果中国公共管理学科的理论发展不能根植于中国的改革实践,将有可能丧失公共管理学科为中国改革发展提供理论指导的机会,丧失公共管理学科从中国改革实践中汲取营养和发展壮大的机会。

博士生作为中国公共管理学科的后备力量和生力军,必须怀有崇高的学科使命感和责任感,坚定学术志向,致力于研究中国公共管理实践,提炼中国道路和中国模式,为丰富和发展国际公共管理理论贡献中国智慧,为解决全球公共治理问题提供中国方案。

立足国际学术前沿,提供国际水准的学术训练

公共管理在中国仍然是一门十分年轻的学科,在理论体系和人才培养等方面与西方发达国家均存在较大差距。而

博士生学习期间是一个学者成长的重要阶段。正如邱勇校长指出的,"博士生学习期间是培养学术精神最重要的阶段。博士生需要接受严谨的学术训练"。在中国,公共管理学科的博士生必须接受国际水准的学术训练,掌握国际最前沿的学科知识和最先进的研究方法,培育求真务实、严谨科学的学术精神,能够站在全球公共管理的视野看待中国公共管理的理论发展和实践探索。

为提高博士生的国际化能力,清华公管学院开展了一系列的探索:第一,培养方案密切接轨国际,在公共管理基础理论和研究方法等课程中引入国际前沿知识;第二,通过开展"公共管理学术前沿讲座""博士生学术训练营"等方式,邀请海内外知名学者给博士生讲授国际最前沿的理论和方法;第三,积极支持和鼓励博士生赴海外知名高校短期访学,绝大部分博士生在校期间均有半年或一年的海外访学经历;第四,鼓励和支持博士生参与国际学术会议,发表国际期刊论文,主动融入国际公共管理学术圈。

扎根中国改革实践,学术研究密切结合国情

中国当前的公共管理理论大多来自西方,虽对中国实践具有较强的指导意义,但其解释力和适用性还有待考量。作为一门实践性很强的学科,公共管理的人才培养必须根植于中国改革实践。事实上,中国很多实践做法如五年规划等已经引起了世界的广泛关注,但一直缺乏系统的理论梳理和解释。我国丰富的公共管理实践为博士生提供了肥沃的土壤和无穷的探索空间,很多成果都将具有开创性意

图 2-15 清华公管学院博士生调研基层社区工作

义。博士生选题更应聚焦于中国特有的改革实践,研究中国公共管理现象,提炼中国公共管理理论,更好地指导中国公共管理实践,为国家发展和全球治理贡献中国的智慧和经验。有鉴于此,公共管理学科必须培养博士生对中国公共管理问题的学术志趣和敏锐洞察力,以寻找具有开创性的学术研究领域;同时博士生也需要以审慎的态度和批判性思维来看待西方公共管理理论在中国的适用性,以寻找理论的突破空间。正如邱勇校长指出的,"独创性和批判性思维是博士生最重要的素质"。

为深化博士生对中国国情和改革实践的理解,清华公管学院采取了一系列措施:第一,积极鼓励博士生参与学院智库研究机构的政策研究和调研工作,深化博士生对中国公共政策实践的认识;第二,将"博士生暑期社会实践活动"作为重要的培养环节,鼓励博士生利用假期赴基层调研,深度了解中国国情;第三,鼓励博士生参与公共管理案例调研和编写，增强博士生提炼和分析公共管理事务的能力。

通过这些举措，许多博士生深化了对中国国情和改革实践的认知，并从中提炼学术研究问题，使学术研究根植于丰富的中国公共管理实践，避免成为"无根之木"和"空中楼阁"。

2017年，重庆大学设立了全国首个以公共管理领域研究生论文为对象的"费孝通勤学奖"，由全国公共管理学科领域权威专家组成评审委员会，对公共管理一级学科设立之后的全国上千篇公共管理博士论文进行了几轮全面系统的筛选，最后评选出优秀博士论文奖一篇，由清华公管学院薛澜老师指导的赵静博士获得；优秀博士论文提名奖三篇，其中一篇由清华公管学院孟庆国老师指导的邓喆博士获得，充分展示了清华公管博士论文的学术水平。

图 2-16　清华公管学院博士生邓喆（前排左二）、赵静（前排右二）获首届费孝通勤学奖

中国是全世界最大的发展中国家，面临的许多发展问题也是全世界面临的共同挑战。解决好中国的发展问题，总结出中国的发展理论，就是在为全世界的发展实践和理论作贡献。

进入21世纪后，人类社会面临经济全球化、恐怖主义、网络安全、重大传染性疾病、气候变化、可持续发展等一系列问题，也为推进全球治理和构建人类命运共同体带来了新的挑战，因此对全球公共管理理论和实践提出了更新、更高的要求。

博士生培养必须坚持"顶天立地"，立足国际学术前沿，扎根中国改革实践，以中国公共管理的理论和实践成果丰富和发展国际公共管理理论前沿。博士生作为中国公共管理学科的后备力量和生力军，应该树立远大的学术理想和抱负，掌握国际学术话语体系，积极融入国际学术界，做"扎根中国实践、提炼中国模式、讲好中国故事"的先行者、践行"道路自信、理论自信、制度自信、文化自信"的排头兵。

来源：清华大学公共管理学院博士生培养座谈会（2017年12月）

第三章
人文·大师风采篇

李学勤[1]:"一些的一切,一切的一些"

杨晨晞

图 3-1 李学勤先生

2017 年 4 月 23 日,清华大学举行了"清华简"第七辑整理报告的成果发布会,清华简《算表》被吉尼斯世界纪录确认为"世界上最早的十进制乘法表"的认证仪式也同时举行,作为古代文史研究热点的清华简再一次吸引了大众的目光。

清华简是一批抄写于战国时期的竹简,总数约有 2500 枚,自从 2008 年入藏清华大学起,清华简就一直是古代文史学者的研究焦点。这批竹简由于很早就被随葬于地下,没有经历秦始皇焚书的劫难,因此最大限度地保存了先秦典籍的原貌。

---

[1] 李学勤:清华大学文科资深教授,清华大学历史系教授,国际汉学研究所所长,清华大学出土文献研究与保护中心主任。著名历史学家,古文字学家。

第三章
人文·大师风采篇

提起清华简，就不能不说起李学勤先生。清华简之所以能够有今天，与李学勤先生的辛勤付出是分不开的。清华简的抢救、保护、整理和研究工作，一直是在他的主持下进行的。从2010年开始，李学勤和他的团队大致以每年出版一辑整理报告的速度，整理公布清华简的有关内容，创造了战国竹简整理公布的新速度。清华简整理报告在编排体例的科学、图版拍摄的清晰以及整理水平的高超等方面都在同类的著作中首屈一指，获得了学术同行们的高度评价。

在清华大学出土文献研究与保护中心的团队里，李学勤是当之无愧的核心人物。从上古时代的刻画符号到20世纪的中国学术史，从考古学、古文字学、上古史到古文献学、美术史、国际汉学，从甲骨、青铜器、简帛到玉器、玺印、钱币等，他都作了一系列的研究，取得了大量的学术前沿成果，被人们誉为"百科全书式的学者"。

孜孜矻矻，勤学不辍。李学勤四岁前就已识字读书，上学后由于兴趣爱好广泛，他的读书范围也非常广泛，但是由于家庭条件有限，他经常省下吃饭的钱去买旧书，读完后卖掉换其他书来读。李学勤在清华就读时，同学去他家玩，看到四壁摆着一排排书架，惊讶地认为这更像是大学里一个年轻老师的书房。

中西融汇，古今贯通。在60多年的学术生涯中，李学勤取得了累累硕果，共出版著作40多部，发表论文1000多篇，其成果之丰富、所涉领域之广博，令人赞叹。他不仅博古而且通今，既熟悉中国文明又熟悉世界文明，并在自己的研究中将之有机地交融在一起。尽管李学勤的研究领域很广博，但始终有一条主线贯穿其中，那就是将探索中国古代文明的奥秘作为自己的研究重心。

高屋建瓴，识见不凡。李学勤常说，一个人不见得要做理论的工作，但必须有理论的高度，在研究过程中可能考证的只是一个字，但心里得想着一件大的事儿。凭借足够高的眼界和理论素养作支撑，李学勤推动了中国古代文明研究和观念上的变革。他很喜欢用一句英文俗语"一些的一切，一切的一些"来说明自己的治学体会。"一些的一切"，即学什么东西就要对这个领域已有的一切都懂；"一切的一些"，即对其他各领域的知识也都应懂一些。

这就是李学勤先生。他始终以科学之方法、进取之精神、乐观之态度积极投入科研工作，并为中国文化的传承与创新工作赋予了崭新的内涵。

来源：清华大学官网·清华映像 2018 年 3 月 29 日

王明旨[1]: 清华美院二十载

方之澜

图 3-2 王明旨先生

坐在清华美院明亮宽敞的工作室里,王明旨教授回忆起 20 年前中央工艺美术学院筹划合并进入清华前后的日子:"能在清华大学发展艺术学科,对学校和学院发展都具有重要意义,当年我们曾为此用投票的方式征求全院教师和职工的意见,投票结果是绝大多数教职员工都欣然同意。"

从当年的中央工艺美术学院院长到合并后的清华大学副校长兼美术学院院长,再到校务委员会副主任,到如今仍担任清华大学艺术博物馆学术委员会主任,王明旨已为

---

[1] 王明旨:清华大学文科资深教授,清华大学美术学院教授、博士生导师。作为工业设计专家及艺术设计教育专家,长期从事工业设计专业的教育及研究实践工作。

清华的美术教育贡献了近20年。2018年年初,王明旨被评为清华大学首批文科资深教授。

合并特别顺畅

"记得当年我曾去找全国雕塑方面很具权威的学术机构——城市雕塑委员会,负责人王克庆先生原来是留学苏联学雕塑的。他给我写信推荐了好几位老师,我们都请进来了。为了壮大清华的美术学科,我们当时引进的教授级别的老师有将近30人,可见力度之大。"

1999年中央工艺美术学院并入清华大学,成为清华大学美术学院的时候,王明旨担任清华大学副校长兼清华美院首任院长。改组学科,吸引师资,成为当务之急。

王明旨回忆,原先的中央工艺美术学院是一个高水准但比较"微型"的学校,整个学校学生不到一千人,教师也不过二三百人。学科方面,原先以艺术设计为主,另有一小部分是区别于纯绘画与纯雕塑的特种工艺,包括装饰绘画、装饰雕塑、壁画等。中央工艺美术学院并入清华后,王明旨与其他老师商议,决定将学科范围由原来的以艺术设计为主扩展到大美术的范畴。在这种思路的指引下,清华美院在保持艺术设计学科优势的基础之上大力加强美术类学科建设,广揽贤才,迅速发展,成为令全国瞩目的"后起之秀"。以雕塑系为例,近年来雕塑系先后完成几十项国家级和省部级科研项目,对我国城市雕塑建设产生了积极影响。版画、油画等专业也都发展迅速,令人刮目相看。

除了构造设计与美术并重的整体教学框架外,王明旨还力推艺术与科学交融的大方向。2001年5月,清华90周年校庆刚刚结束,清华美院在中国美术馆隆重举办首届"艺术与科学国际作品展暨学术研讨会",科学、艺术两大领域的两位大师——诺贝尔物理学奖获得者李政道先生和著名画家吴冠中先生联手倡导了这次活动,展览参观人数也刷新了美术馆的历史纪录。

艺术与科学的交融自此成为清华美院发展的一面大旗。展览期间,学校支持美院成立了"清华大学艺术与科学研究中心",中心在此后的20年间一直通过学术研讨会和学术展览等形式,延续并拓展了艺术与科学交融发展的空间。

回顾清华美院近20年的建设历程,王明旨说,不管是最开始的并入,还是之后的发展,学校对美院的发展和运行都一直"开着绿灯"。"我感觉合并得特别顺畅,学校对美院各方面的创新性工作也都非常支持,投入很大力量。"谈起这些,王明旨至今还充满着兴奋之情。

你应该学最新的商业美术

回顾自己在艺术学习、艺术教育的道路上走过的大半生,王明旨说,这段生涯早在自己上初中时就奠定了基础。

"我初中有幸在北京一中读书,当时一中有一位叫金玉峰的美术老师,是一位非常有水平、非常热情的老师,一直活到88岁,他教出了很多美术学科的优秀学生。"金老师在北京一中组织了一个当时非常出名的美术组,毕业多年后,王明旨回校参加校庆,当时一同返校的从事美术工作的同学仍有300多人,他们都是金老师当年培养出来的人才。

"我是当时美术组的成员之一,毕业后考进了北京工艺美术学校,金老师说你应该学最新的商业美术。"就是这句话,奠定了王明旨未来几十年职业发展的基调。

1962年从北京工艺美术学校毕业后,王明旨考入中央工艺美术学院的图案班。在中央工艺美术学院,王明旨遇到了两位大师级的老师——雷圭元先生与郑可先生。"雷圭元先生所组织的图案班,图案的概念并非局限于花纹图案的范围——'图案'一词最早来自日本,就是对英文 design（设计）的翻译。"图案班学习的内容是雷圭元亲自编写的教材《图案基础》,在这里,王明旨打下了牢固的设计基础。后来,这个图案班交给了郑可先生。曾在法国留学的郑可先生第一次将包豪斯体系和设计应当为大众服务的概念传入了中国。在郑可先生的指导下,王明旨开始学习工业产品设计及汽车设计。

1978年,王明旨考回中央工艺美术学院当研究生,毕业后留校任教。他先后前往日本筑波大学和日本多摩美术大学访问,在日本访学期间,多次去丰田、本田等汽车公司参观,由此对日本设计有了更全面的认识。也是在读研期间,王明旨与车辆设计结缘——他从1978年开始参与长春客车厂的客车造型设计课题,至今仍主持着清华美院与这个项目的合作。

"我与长春客车厂的合作已有40年啦！从当年的绿皮车到现在中车集团的高铁,他们厂的几任老总我都打过交

道。他们现在的副总工当时还是'小青工',想当年他结婚、生孩子、买第一辆汽车……人生的每一步我们都知道。"王明旨笑着说,"我们当年一起熬夜,讨论车厢怎么设计、地毯怎么选择,一块儿'折腾'的情景好像就在昨天。"

从开始我们就有一个整体规划

如今,与清华美院相对而望的清华大学艺术博物馆已成为校内的一个热门地标。从达·芬奇到莫奈,从布德尔的雕塑艺术到国际纤维艺术双年展……艺术博物馆已成为一所艺术交流与呈现的重要殿堂。而这正符合当年筹划成立艺术博物馆初期王明旨所构想的模样。

"从开始我们就有一个整体规划,要在美院对面建一个艺术博物馆。"王明旨说。为了打造一个在发展理念上与美院相配合,既能进行海内外艺术交流又能展览学生作品、扩大对外宣传的空间,王明旨在中央工艺美术学院并入清华大学初期,就开始策划筹建这样一个博物馆。2016年,艺术博物馆正式落成,王明旨至今仍担任艺术博物馆学术委员会主任,主持博物馆的相关学术研究及展览规划等工作。

首期特展"对话达·芬奇"是让王明旨印象最深刻的展览。展览会上,达·芬奇《大西洋古抄本》60幅手稿真迹首次登陆中国,这是这些手稿在意大利境外的最大规模展出。同时展出的还有维斯皮诺临摹的《最后的晚餐》——被认为是与壁画原作最为相似的一件摹本。这些都是王明旨早在艺术博物馆落成之前很久就构思好的:"因为我们了解意大利的博物馆藏有这方面的展品,就想艺术博物馆成立的时候第一个特展应该请到达·芬奇的主题展览。一是因为达·芬奇是举世闻名的艺术与科学交融的典型,二是他的作品真迹还没有在中国展出过,应该会有很好的效果。"

此后艺术博物馆的一系列展览同样不输精彩,2018年的西方绘画500年特展更是吸引了观众超过10万人次。"咱们的博物馆就是要尽量与全世界的一流机构进行交流,建立良好的学术网络,吸引更好的展览。这不光是为了清华的学生,同时也是为北京各大高校服务。"王明旨说。

回顾20年来的发展,王明旨认为中央工艺美术学院并入清华后有了一个更广阔的天地——不仅对优秀师资的吸引力更强,学生质量更高,而且学校的综合性学科优势也是对艺术类专业发展的激励和促进。"过去我们的发展范围有限,现在变得宽阔无限了。"王明旨满怀期待地说。

来源:清华大学官网·清华映像2019年1月22日

彭 林[1]：清华学生太优秀，老师多努力都不过分

杨晨晞

图 3-3　彭林先生

"我是一名虔诚的国学推广者。"这是清华大学历史系教授彭林给自己的定位。彭林主要从事中国古代文献与学术思想史的教学和研究，核心是对儒家经典"三礼"（《周礼》《仪礼》《礼记》）的研究。

1999 年进入清华大学后，彭林深感教书育人责任之重大，"孟子说人的一生有三种快乐，父母俱存，兄弟和睦，得天下英才而教育之。站在清华的讲台上，面对个个优秀的学子，你就会觉得，老师无论多努力都不过分"。对待课程建设，他坦言要有"十年磨一剑"的意识，语不惊人死不休。

1　彭林：清华大学文科资深教授，人文学院历史系（思想文化研究所）教授、博士生导师，国际儒学联合会理事。主要从事先秦史、历史文献学和中国古代学术思想史的教学与研究。

彭林讲授的"文物精品与文化中国"和"中国古代礼仪文明"都是耗尽心血、反复锤炼而成的国家级精品课。他近几年新开的"民族文化与民族命运"课,也是经历十几年沉潜反复、精心打造,成为清华"学堂班"的"荣誉课程",深受学生喜爱。三年前,彭林去德国海德堡讲学,一名德国青年专程驱车两三百公里见他,说自己特别喜欢看彭林在 edX 上的网络课程"文物精品与文化中国"。

"讲中国文化,自己先要追根问底,只有把自己感动了、震撼了,才会让学生感动和震撼。"彭林说。有一次,一位理工科的同学在课堂上向彭林提问:"老师,你们这种学科有什么用?"彭林挺直了腰板,朗声说道:"我很惭愧,既不会造机器,也不会盖房子,但是,我们这个学科是塑造民族精神和民族灵魂的!"课堂上几百位同学听后掌声雷动。

清华学子是懂彭林的。他们这样评价:"在清华如果没有听过彭林老师的课,那简直是悲哀。彭林老师的课如果用一个词来形容,那就是'震撼'。"还有学生说:"彭老师的课是振聋发聩的寻根之学,是文化和心灵的碰撞。"

在彭林的课堂上,老师的讲授与同学的学习达到了一种相得益彰、浑然一体的境界。彭林欣慰地说:"我特喜欢教师这个职业,喜欢在黑板前边讲边组织语言的那种惬意。当在讲解的某个瞬间突然碰撞出火花来时,那种陶醉真没法形容!"

来源:清华大学官网·清华映像 2017 年 9 月 21 日

陈来[1]：优秀传统文化的传承者

原作者：吕婷 改写：胡颖

图3-4 陈来先生

陈来在清华有两个身份，既是人文学院哲学系教授，又是国学研究院院长，他笑言："我给学校打两份工，也是一种'双肩挑'。"

清华在1925年成立清华学校研究院国学门（通称清华国学院），以王国维、梁启超、赵元任、陈寅恪"四大导师"为首的国学大师荟萃一堂。由于种种原因，国学院于1929年停办。令人欣慰的是，老国学院的精神和学术传统在八十年后再一次焕发光彩，2009年清华复建国学研究院，陈来出任首任院长。

---

1 陈来：清华大学文科资深教授，哲学系教授，国学研究院院长，校学术委员会副主任，兼任全国中国哲学史学会会长、国务院学位委员会委员等。主要研究方向为儒家哲学、宋元明清理学和现代儒家哲学等。

"中国主体,世界眼光",是清华复建国学院时设立的宗旨,也是陈来对未来国学研究的期许,更是对老清华国学院衣钵的继承。陈来说:"'中国主体'是要突出我们中国人对中国文化历史的理解,国学院本身就是一个彰显主体性的概念。我们要在与世界文化、世界性的中国文化研究的密切沟通中确立起自己的地位。"

作为在中国传统文化相关领域长期耕耘的学者,陈来对于优秀传统文化的价值有着更加强烈的认同感,也有着身体力行的捍卫与弘扬。"中华民族的发展离不开中华文化的不断浸润和滋养,中华文化对中华民族的成长、发展和复兴有着重要意义。没有任何东西能取代它的影响,来给人民提供价值观、归属感、人生目标和精神追求。"

党的十八大以来,陈来一直注重学习、宣传和阐发习近平总书记关于传统文化的论述。2015年10月,陈来承担了中宣部马克思主义理论研究和建设工程重大课题"中华优秀文化的创造性继承及创新性发展研究",多次在《人民日报》《光明日报》上发表文章,阐扬中华优秀文化的基本内涵及其现代价值。在其著作《中华文明的核心价值——国学流变与传统价值观》中,陈来对中华文化产生发展的历史、中华文化的当代价值以及社会主义核心价值观的根源进行了全面的阐释。他还从专业的立场,积极为党中央建言献策,尤其关注社会主义核心价值观的建设。陈来强调,社会主义核心价值观的培育与弘扬不能脱离优秀传统文化空洞地来谈,一定要结合中华传统美德的涵养与实践。

关注人的精神生活、民族的发展复兴,是65岁的陈来

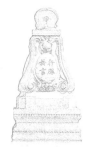

笔耕不辍的重要动力。在国学研究之路上，陈来满怀着对国学的眷眷深情，同时也保持着攻坚克难的拳拳之心。这位当代儒者，立足传统却不守旧，吸取西学而不盲从，立志为中华文化的当代价值立言修德。

来源：清华大学官网·清华映像 2017 年 6 月 26 日

崔建远[1]：清华同行二十载，法学相伴四十年

王鲁彬

图 3-5　崔建远先生

2018年，是崔建远与法学为伴的第 40 年，也是与清华同行的第 22 年。

清晨，清华大学法学院的明理楼显得安静而庄重，楼前八根石柱还带着前一夜的凉意。走入楼内，绕过侧门，辗转数十级台阶，进入略显昏暗的楼道，靠左侧的一间房间，门上有崔建远教授的铭牌。在这间房间里，崔建远度过了在清华大学法学院的大部分时光。也是在这里，这位全国著名的法学家与法学为伴，与清华同行，著作等身，桃李

---

[1] 崔建远：清华大学文科资深教授，法学院教授，博士生导师。法学院民法研究中心主任，兼任中国民法学研究会副会长。主要研究领域为民法学。

竞芳菲。

说起崔建远与法学之间的渊源，还得回溯到20世纪的中国。彼时的他还是河北的黄土地上的一名民办教师。"家有一斗粮，不当孩子王"，两年小学全科老师，两年高中语文老师，崔建远每日种地教书，与法律并无多少交集。

"一开始，我并不了解法，"崔建远回忆，当地农村给罪犯判刑时，是要交给百姓讨论的，而在公示的布告中，"依法判处"四个字第一次让他对"法"有了印象。崔建远上中学时，在政治课上听到老师介绍，国家正在修改1954年宪法——对于"法"，他本来就不懂其义，"法"的前面多个"宪"字，就更疑惑不已。就是这布告中的一个"法"字和政治课上一知半解的法律知识，成为少时崔建远与法律为数不多的几次接触。

走过"文革"时期，走过人生最初的二十载，一直想要走出农村的崔建远，迎来了1977年恢复高考。对于那段日子崔建远似乎记忆尤为深刻，如今提起也是精确到年月。"我们是1977年参加高考，1978年3月开学，我们那一届很特殊，恐怕也只有我们是3月份开学的。"

不过，"学法"对于崔建远来说，却是一个实打实的意外。"我第一次报志愿的时候填的是吉林大学经济系，连志愿表都交了。"只是后来又有民办教师报考师范类院校优先录取的政策，崔建远便要回了志愿表，在第二张志愿表上写上了一连串的师范院校。"可最后收到录取通知书一看，是吉林大学法律系。"难怪崔建远说："我一生中对我和家庭最有利的几个转折，都不是我的本意。"到那时也仍然对法律所知无多的崔建远,就这么误打误撞地迎来了自己与法学相伴的第一年。

只是这第一年,过得却并不顺利。繁重的课业,巨大的压力使得崔建远那时整夜睡不好觉,时常生病。费尽辛苦走出乡村的他,每天脑子里最担心的事就是会不会被退学。直至大二阶段,崔建远才真正"入门",自从接触到真正的法学课程后,退学的担忧便被他远远地抛到九霄云外。

从刑法到民法,崔建远由入门走向热爱,并最终选择了民法作为自己的研究方向。"民法离生活近,衣食住行、逛街买菜全是民法的内容。"从那时起到现在的三十多年中,崔建远亲身经历了中国民法发展的关键阶段。当时民法领域人才匮乏,崔建远的老师告诉学生,全国只有22个教民法的老师,这给崔建远留下了极其深刻的印象,也更坚定了他在这个领域奋力开拓的决心。从合同法到物权法,崔建远先后撰写的十余部著作既为尚有大量空白的学术研究作出了贡献,也为中国的法律教育提供了重要的教材参考。

1996年8月,崔建远来到清华任教,迅速成为1995年秋复建的清华法律学系重要的学术骨干。当时清华法学还没有学位授权点,崔建远和常务副系主任李树勤一次次在国家教委和清华间来回奔走,最后经过专家评审,终于获得了民商法学硕士学位授权点。而他的多门精品课,也为学生提供了高质量的专业教学。

崔建远自认是位严师。谈起师生关系时,他坦率地说:"不知道是优点还是缺点,我很严厉,而且有很浓厚的师道

尊严思想。"曾经有学生因为迟到，在教室门口站了整整一节课。崔建远曾位列法学院"四大名捕"之首。每年审阅学位论文时，遇到不按规定格式写作的学生，他同样很生气。可是严师方出高徒，"学生可能觉得我不和蔼可亲，但我做这些不是出于私利，而是公心。清华学生有良好的基本素质，如果能好好努力，都可以成为很优秀的人。"这也是为什么尽管严厉，崔建远在学生中仍然备受好评的原因。学生们谈起崔建远，总是充满感激——他对学生的想法从不随意批评，而是认真听取、耐心答疑。有同学晚上发邮件求教，没想到立刻就接到崔老师从办公室打来的电话。有这样的严师、良师，对学生来说无疑是莫大的幸运。崔建远曾经6次获得由全校研究生评选的清华大学"良师益友"称号，并入选首批"良师益友名人堂"。

　　崔建远不仅要求学生万万不能丢掉努力和刻苦的精神，他自己也一直是这么做的。崔建远的办公室，四面环书，打印资料也是满满当当，"在家里和外出时不容易有思路，只有在这里做学问，才真正有感觉。我告诉学生也告诉自己的孩子，对待专业要像谈恋爱一样，没有感情是学不成的。我从不觉得法学枯燥，只是遇到瓶颈时才觉得困难，想透一个问题时又很高兴。我对民法，确实是热爱"。坐在高高的书架前，谈起做学问的事，崔建远说那是一种幸福。

　　展望未来，充满旺盛学术生命力的崔建远列出了一长串待完成的书单。出版社告诉他，读者等得急。崔建远不愿以法学家自称，法律工作者的责任是他心中最神圣的使命。

谈及法学院教师的一天是如何度过的，崔建远说，"我们不要求坐班，可大家都来"。入夜的明理楼，灯光依旧明亮，而与灯火和书本相伴的日子，同样温暖而明亮。

来源：清华大学官网·清华映像 2018 年 11 月 20 日

万俊人[1]：守望传统 追问正义

左炬晅

图 3-6 万俊人先生

万俊人教授先后在北京大学、清华大学两校任教，被评价为"由西返中，史论结合"的伦理学大师。他曾担任复建后的清华哲学系主任长达 12 年，自 2012 年清华大学人文学院成立后，他又担任院长至今，是清华"人文日新"的重要建设者和守护人。

---

[1] 万俊人：清华大学文科资深教授，清华大学哲学系教授、博士生导师，教育部长江学者特聘教授，人文社会科学学院学术委员会主任。兼任中国伦理学会会长，中国社会科学院马克思主义理论学科建设与理论研究工程《伦理学》首席专家兼召集人。

我最崇拜令狐冲，能东学西效，成就自己的一派武功

自小在私塾接受《百家姓》《千字文》《论语》的启蒙，让万俊人对国学和伦理有了天然的亲近感："年幼时，先生跟我们讲道德伦理，那是直觉，让我形成了对伦理的最初感知。"

1979年万俊人参加高考，本想学习中文或历史的他被阴差阳错地分到了哲学系，从此与哲学结下了一生的缘分。"我对西方哲学比较感兴趣，当时那也是'学术时尚'。为了学好西方哲学，得先学英语，我就背词典，每天晚上在路灯下拿着小卡片背单词，一本词典从A背到Z，英语也就打下了基础。本科期间我大概读了300本经典著作，摘要卡片写了3000多张。"

本科毕业后，万俊人师从著名伦理学家、哲学家周辅成先生学习伦理学，他回忆道："当时的导师还是很像过去传统的先生，我们都是在老师家里上课，可以喝咖啡、抽烟。老师还带我们拜访梁漱溟、冯友兰、朱光潜、张岱年先生等大家，他们在家里开的课老师也会叫我们去旁听，学做学问，学做人。"

早年的学术积累让万俊人奠定了对人文社科领域的浓厚兴趣："我对学科和知识一直是比较开放的，我最崇拜的人是令狐冲，能东学西效，成就自己的一派武功。"

除了在学科上的精深造诣外，万俊人对社会事件和民族发展也一直非常关注。对社会现实的长期观察和思考影

响了他的学术志趣,使他把目光投向了与现实问题联系更紧密的政治哲学。

"一个良序的社会应该是有良好制度安排的,如果缺少制度正义,那么就会有很多矛盾。实际上,正义这个问题在 20 世纪 80 年代末期就已凸显,而我的专业兴趣又是伦理学,是和社会有紧密关联的,所以我格外关注了这个命题。"万俊人说。

20 世纪 90 年代初期,万俊人被选派到哈佛大学访学一年,最初他申请的是关于道德语言的研究方向。到美国后,万俊人发现,美国绝大多数一流大学的哲学系都有一半以上的老师在做政治哲学,于是他提交申请改变了研究计划,跟随哈佛大学教授、《正义论》作者约翰·罗尔斯学习政治哲学。

"《正义论》开篇的第一句话就是:'正义是社会制度的第一美德。'罗尔斯看到西方在功利主义支配下发生了两次世界大战,西方社会失去秩序与平衡,因此《正义论》一发表,反响就非常大。我当时也看出来政治哲学研究是中国正缺少的一部分,在未来可能有持续的学术增长点。"万俊人如是说。

从北大到清华,不到五年复建哲学系

"1998 年底,经过张岱年先生的推荐,清华开始来找我,但最初我并没有太认真,因为我在北大工作很顺利,不到 34 岁就当了教授,讲课也很受同学们喜欢,没有理由离开。"

回忆起离开北大到清华复建哲学系的选择时，万俊人说，"当时王大中校长有一句话令人印象深刻，他说他考察了很多国际高校的学科体系，有两个学科他觉得最经典，对理工科来说是数学，而对文科来说，就是哲学。这个对经典学科的理解，一下子就击中我了"。

正是这句话，让万俊人作出了离开北大来到清华的决定。

1999年春节过后，万俊人正式开始筹备清华哲学系的复建，第一年时间他跑遍了全国，从各地寻找最优秀的老师。2000年，清华大学哲学系正式复建。仅用了四年多的时间，清华哲学系就建立起了从本科人才培养到学科硕士点、博士点的完整体系。

来到清华建设哲学系，也源于万俊人对清华老哲学系的深厚感情——万俊人在北大求学时的导师周辅成先生便是清华哲学系毕业的，冯友兰、张岱年等先生也都曾先后在清华任教。

"清华的老哲学系非常厉害，不仅大师云集，而且实践证明，培养出来的人也特别优秀。文科，是一定要有学术学统和谱系的。"万俊人解释说，"因此，来清华后我就想重新延续清华哲学系优秀深厚的学科传统。比如逻辑学是清华哲学系的特色学科，当年的金岳霖先生是开山泰斗，所以我们也着重发展逻辑学，聘请顶级的逻辑学教授组成'金岳霖逻辑学讲席教授团组'，这是清华基础文科设立的第一个讲席教授团组"。

随着时代的发展，哲学也不断衍生出新的学科领域，

比如语言逻辑、混合逻辑等。在互联网时代,哲学还与数学、计算机等学科交融,生发出了很多新的结合点,这些也都成为清华哲学系的创新所在。

"在清华,有很多数学系、计算机系的同学来我们哲学系选课。后来,我们通过科学史这个学科建立了交叉学科人才培养的基地——清华大学 - 阿姆斯特丹大学逻辑学联合研究中心,找到文理工交融的一个结合点。"万俊人介绍说。

青年学生要努力把现在的"小确幸"转化为人生的幸运

"相较 40 年前我们求学的时候,现在的学生更多地受到社会上功利主义和实力主义风气的影响,比较容易浮躁。"

万俊人回忆说,自己于 1979 年参加高考时,由于"文革"刚结束,参加高考的人非常多,可谓"千军万马过独木桥",所以当时能考上大学的人都对读书的机会特别珍惜,如饥似渴地阅读求知。而现在的年轻人由于就业压力大、社会风气相对浮躁,在学习基本功上少了些较真和努力。"南方做甜酒,是要在米里加上酒曲,再捂一捂才能有酒香。现在有些学生学习就像'勾兑',到处学一点,就这样有人还觉得麻烦。"万俊人说。

"我想对同学们说,一定要注意外界发展得越快,越要冷静和理性。你的境界是如何与你生活的世界直接相关的,要利用自己的优势建立更广阔的学术视野、思想视野。"

对年轻人来说,万俊人认为最重要的是"三名",要多追学术"名人",跟随他们的脚步;多选"名课",聆听大师的教诲;多看"名著",经典永远百读不厌。

"人生有不同的选择,年轻人要志存高远,努力把现在的幸运转化为人生的幸运。"万俊人语重心长地说。

来源:清华大学官网·清华映像 2018 年 6 月 20 日

汪晖[1]： 思想无边界　追问不停止

原作者：周襄楠　　改写：冯婉婷

图 3-7　汪晖先生

1977 年高考复试结果公布后重新填报志愿时，18 岁的汪晖趁父母不在家，将表格上的理科改为文科。

"这是'世界历史'瓦解的时刻，也是重新思考世界历史的时刻。"36 年后的 2013 年 10 月 20 日，意大利威尼斯，汪晖在卢卡·帕西奥利奖颁奖仪式上作了题为"公理、时势与越界的知识"的演讲，以这句话作为结语。

2018 年 2 月，德国洪堡基金会发布消息，宣布把安内莉泽·迈尔研究奖授予清华大学首批文科资深教授、中文系与历史系双聘教授汪晖。汪晖为获得这两项国际奖项的

---

[1] 汪晖：清华大学文科资深教授、人文学院教授。他的著作曾被翻译成 20 多种语言出版，产生重要的国际影响。2013 年，与著名哲学家哈贝马斯同获卢卡·帕西奥利奖，2017 年，再获安内莉泽·迈尔研究奖。

首位中国学者。

汪晖的学术道路始于对鲁迅的研究，从20世纪80年代末起，逐渐转向思想史研究。2004年，凝结他15年研究心血的《现代中国思想的兴起》一书的出版，在学术界引起极大关注。汪晖的学术志趣既包括历史研究，也有历史社会学分析和哲学方面的建构，还涉及民族、区域和宗教领域，虽无法用既有学科清晰界定，但一以贯之的脉络就是：怎么理解中国，怎么理解现代，并由此出发理解世界。

2002年，汪晖正式入职清华，并领衔筹建人文与社会科学高等研究所。他先是在学院内建立高等研究中心，最终于2009年成立校级高等研究所，邀请了一大批国内外顶尖学者到清华访问、讲学，并致力于建立一个跨学科、跨文化、跨区域的研究平台。

"大学有些部分可以是有形的，但是大学的灵魂是无形的，因为真正的创新是来源于'你不知道这个创新点在哪里'的创新，最伟大的研究都是从你不知道它的结论在哪里的那个地方开始。我就是想找一个地方，形成一个氛围，创造一种条件，通过一批有水平的学者之间的碰撞和交流，能够让这种未知的创新慢慢浮现出来。"汪晖这样表述初衷。他思考和研究的核心一直是"中国"，在拉丁美洲、非洲、欧洲、北美，汪晖在不同环境中查阅不同文献，与不同背景的人交流，以别样的语境和角度去看待同样的问题，得到了意想不到的效果。

一位学者为何要如此频繁地深入中国和世界的最真实部分？汪晖说："保持与社会实践的关联，是保持学者思想

活跃的方式。否则思想就会慢慢僵化,而本人还不自知。"

汪晖的学生有一个共同的微信群,群名是汪晖起的,叫"五湖四海"。他的学生也确实来自五湖四海,如此多元化的构成,就是想给学生创造一个"知道永远存在自己不知道的知识"的环境。汪晖鼓励学生勇于阐述自己的看法并进行争论,并尊重每位学生的独立思考。

研究工作什么时候可以做完?"我没有觉得自己能够做完,从来没有。"汪晖说,"我的研究工作永远处于一个未完成的状态,就像在长长的隧道里寻求光。学者做学术工作总希望尽善尽美,但跨越边界意味着即便付出极大的努力,也难以把研究做到极致。好处是很多新问题由此展开,而一旦提出了这样的问题,要解决它们,就不是我一个人能够做到的了。"

来源:清华大学官网·清华映像 2018 年 3 月 22 日

格非[1]：我是一个职业教师

张智伟　张　铮

图 3-8　格非先生

推开清华大学人文学院院馆的大门，墙上的 LED 屏上显示着"祝贺我院教授格非获第九届茅盾文学奖"。格非老师已经在这里工作了十五年，他三十年的教学生涯已有一半付给了清华。

面对采访，格非老师说："命运有时候是很诡异的。我当年最大的志向是当一名文学编辑。一些很偶然的因素使我当了三十年的教师。"1985 年，他从华东师范大学毕业后就开始登上大学的讲台；2000 年开始在清华大学开设课程，2001 年正式调入清华大学任教。

1　格非：清华大学人文学院中文系教授，著名作家、学者。是中国先锋文学的代表作家之一。主要从事教学、文学创作和学术研究。其作品获鲁迅文学奖、老舍文学奖、茅盾文学奖，并被翻译成近 20 种文字在世界各地出版发行。

格非老师至今仍记得在清华大学的第一堂课上让他"大吃一惊"的学生:"我当时给学生讲普鲁斯特的小说《追忆逝水年华》,谈到这部作品的语言风格,一位学生突然站起来说,'老师,我认为它的语言有的地方很粗鄙,不像您说的那样优雅'。后来我一追问,才知道原来他读的是法文本,我读的是中译本。我后来去了法国和一些作家交流,他们告诉我这本小说的语言确实不太优雅。"

就像这样与学生的交流会给格非一些启发,他喜欢与学生讨论,还习惯将发言学生的姓名和观点记在纸上。

现在,格非老师每年要给本科生开设两门课,给研究生开设一门课。除了上课,格非还会收到一些学生当面交流的邀请,他基本上是有"邀"必应。教学、研究等任务会把格非的时间挤得满满的,暑假成了他"最宝贵的时间",他的很多创作都是在暑假完成的。

此次他获得茅盾文学奖的作品《江南三部曲》,就是他执教之余,历时十余年创作的成果,也被他评价为"迄今为止付出心血最多的作品"。他的作品擅长对文学、社会、历史等问题作深入思考,语言风格坚韧、优雅、准确、睿智。在格非看来,"文学可以发现一个世界,也可以发明一个世界"。

作为一位身处高校的作家,格非十分关注年轻人的创作:"我关注的是70后、80后、90后,我在学校教书,学生有很多习作,我觉得年轻人的作品很坦率,比我们这一代人表达更直接,写作方式虽然有幼稚的地方,但我看好他们的品质。"他说:"教书匠这个角色与文学创作可以互为滋养，我从课堂上跟学生的互动和大量课余阅读中，获益良多。"他几乎从不批评学生某篇文章写得差，"我教给他们写作的叙事技巧和手法，并给他们开列书单，但文学是需要长期积累领悟的。这里的很多学生的感觉很敏锐，也很有想象力，等着他们慢慢成长就好了。"

"讲课很累，但也是一种很大的快乐，"格非说，"如果连续两年不上课，我一定会非常想念给学生上课的时光。"

格非也曾在文章中回忆自己在乡村小学和县城中学的老师们。他说，"我受到老师的帮助和恩惠非常多，所以我当了老师后，也希望能像他们一样。我觉得，关心和帮助学生是教师的基本伦理。"

来源：清华大学官网·清华映像 2015 年 9 月 17 日